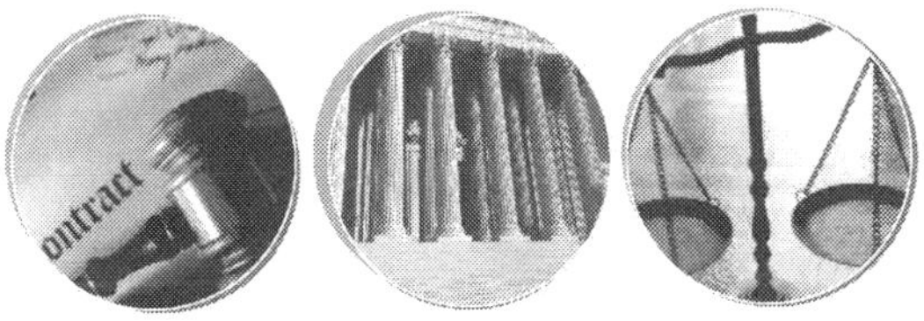

Talal Abu Ghazaleh DICTIONARY OF LEGAL TERMS

معجم طلال أبو غزاله القــانــوني

English - عربي

المملكة الاردنية الهاشمية

رقم الايداع لدى دائرة

المكتبة الوطنية

٢٠١٢/٣/١٠٨٣

٣٤٠/٣

معجم طلال أبو غزاله القانوني - عمان

شركة طلال أبو غزاله للترجمة والتوزيع والنشر

الطبعة الأولى: ٢٠١٢

عدد الصفحات: ١٢٠ صفحه

ر.أ: ٢٠١٢/٣/١٠٨٣

المواصفات: /القوانين // القواميس

❖أعدت دائرة المكتبة الوطنية بيانات الفهرسة والتصنيف الأولية

ISBN: 978-9957-559-00-7 (ردمك)

مـقدمـة

«معجم أبو غزاله القانوني» هو المعجم السادس ضمن سلسلة إصدارات علمية مهنية متخصصة، والتي جهدت وأجتهد في إنجازها على مدى السنوات السابقة لتساعد في الوصول إلى المعرفة في ظل التحولات المذهلة في أعمالنا وحياتنا.

ويأتي هذا القاموس ليكون زاداً للقانونيين وغير القانونيين بما يزخر به من مدخلات تمكن ـ في مجملها ـ مستخدم القاموس من إتقان "اللسان القانوني" الذي دخل طورا جديدا مع دخول العالم الذي نعيشه نفسه طورا جديداً.

وفي سبيل تحقيق هذه الغاية تم تصميم القاموس ليغطي مجموعة محاور ليس من المعهود أن تراها مجتمعة في القواميس القانونية التقليدية الغرض من اجتماعها إبراز سمات وخصائص هذا اللسان القانوني العالمي الجديد، من بين هذه المحاور محور الملكية الفكرية بأبعاده الجديدة لاسيّما أسماء النطاقات والملكية الفكرية الرقمية والتحكيم الشبكي وجرائم الشبكة البينية كسرقة الهوية، ومن بين المحاور كذلك محور القانون الدولي لاسيّما محور الدستورية المحلية والدستورية العالمية الذي يعد أبرز المحاور التي تتجلى فيها إنتقال البشرية من مرحلة القومية والدولية إلى مرحلة العالمية، ومن المحاور أيضا محور التقنينات الموافقة للشريعة والذي يأتي التركيز عليه استجابة للعناية البالغة التي كانت مثار إهتمام خبراء الإقتصاد والتمويل عبر العالم عقب الأزمة المالية التي عصفت باقتصادات الولايات المتحدة وأوروبا، بالإضافة لذلك هناك محور الجرائم الجنائية الحديثة مثل غسيل الأموال والفساد والإحتكار، وهنالك محور الإستراتيجيات القانونية التجارية في توجيه الشركات والتجارة الدولية والحكم الرشيد للشركات، كذلك هنالك محور الإستثمار وممارساته المُثلى وعمليات الاستحواذ والاندماج ومحور علاقة العمل. كما تضمنت المحاور علم الإجرام والعقاب لاسيما فيما يتصل بأبرز المصطلحات والمفاهيم الجديدة.

آمل أن يساهم هذا الإصدار القانوني هذا بما يتضمنه من كلمات ومصطلحات في تلبية حاجات القضاة والمحامين وأساتذة جامعات وطلبة كليات الحقوق ويفي كذلك بحاجات رجال المال والأعمال والشركات والعاملين في قطاعات الإقتصاد الأخرى وهو مكوّن أساسي لا بديل عنه لسلسلة المعاجم العلمية المهنية التي أصدرتها وهي:

معجم طلال أبوغزاله للمحاسبة والأعمال.

معجم طلال أبوغزاله للملكية الفكرية.

معجم طلال أبوغزاله لتقنية المعلومات والإتصالات.

معجم طلال أبوغزاله لبراءات الإختراع.

معجم طلال أبوغزاله للمتلازمات اللفظية.

إعتزازي أن أرى هذه المعاجم وقد انتشرت في مكتبات الجامعات والمعاهد والجمعيات المهنية وفي مكاتب القضاة والمحامين، وأصبحت مرجعاً لكل باحث وطالب علم، راجياً أن تسهم في تعزيز المعرفة.

طلال أبو غزاله

رئيس مجموعة طلال أبو غزاله الدولية

INTRODUCTION

"Abu Ghazaleh's Legal Dictionary" is the sixth dictionary among a series of specialized professional scientific publications that have been diligently accomplished during the past years to help in attaining knowledge in the frame of the formidable changesin our business and life.

This dictionary constitutes an additional source to both the judiciary and nonjudiciary, as it is enriched with entries that enable-as a whole- the user to master the "legal tongue" that has entered a new stage accompanying the entry of the world that we live in a new era.

Forward achieving this goal, the dictionary has been designed to cover a set of areas that are not likely to be seen grouped in conventional legal dictionaries, the purpose of which is to highlight the features and characteristics of this new universal legal tongue. Among these areas is the intellectual property area in its new dimensions, especially the names of vicinities and the digital intellectual property, the on-line arbitration, and the internet crimes, like identity thefts and piracy. Among the newlyintroduced areas also is the area of international law, and in particular the area of local constitutionality and international constitutionality, that is considered the most prominent, in which is clearly manifested the transition of humanity from the stage of nationalism and internationalism to the stage of universality.

Among the areas also are the legislations that are in accordance with the Islamic law (Sharia'a), the thing that is focused upon in response to the utmost attention which was the source of concern of economy and finance experts throughout the world, following the financial crisis that swept the economies of the United States and Europe. In addition to that there is the area of the new criminal offenses, like money laundering, corruption and monopoly. There is also the axis of commercial legal strategies that deals with steering the companies, international trade,and companies'

good governance. There is also axis of investment and its best practices, and the operations of acquisition and merger. And there is also the axis of relations in work.
The new axises also included criminology and punishment, especially the most prominent terminologies and new concepts.

I hope that this legal publications with its content of vocabulary and expressions, will contribute to meeting the needs of judge, lawyers, professors, law students and also the university needs (requirements) of business and finance people, companies and those who work in other economic fields. It is an irreplaceable essential component to the series of professional scientific dictionaries that I published, and these are:

Abu Ghazaleh Dictionary for accountancy and business.
Abu Ghazaleh Dictionary for intellectual property.
Abu Ghazaleh Dictionary for information technology and communication.
Abu Ghazaleh Dictionary for patents.
Abu Ghazaleh Dictionary for pronunciation syndromes.

I take pride in seeing these dictionaries spread in universities' libraries, institutes, professional associations, and offices of judges and lawyers, and in seeing them as a reference to every researcher, and knowledge seeker, hoping that they will contribute to enhance knowledge.

TAG-Org OFFICES

General Administration (Amman-Jordan)
Email: tagi@tagi.com

AFAGHNISTAN
Kabul
Email: afganistan@tagi.com
Email: afghanistan@agip.com

ALGERIA
Algeria
Email: algeria@agip.com

BAHRAIN
Manama
Email: tagco.bahrain@tagi.com
Email: bahrain@agip.com

CHINA
Shanghai
Email: china@agip.com

CYPRUS
Nicosia
Email: cyprus@agip.com

EGYPT
Cairo
Email: tagco.cairo@tagi.com
Email: egypt@agip.com

INDIA
New Delhi
Email: india@agip.com

IRAQ
Baghdad
Email: tagco.iraq@tagi.com
Email: iraq@agip.com

Erbil
Email: tagco.erbil@tagi.com
Email: erbil@agip.com

JORDAN
Email: agip@agip.com
Amman-AGIP
Email: jordan@agip.com
Amman-Jordan Office
Email: tagco.amman@tagi.com

KUWAIT
Kuwait
Email: tagco-kuwait@tagi.com
Email: kuwait@agip.com

LEBANON
Beirut-TAGI
Email: tagco.beirut@tagi.com
Beirut-AGIP
Email: lebanon@agip.com

Libya - Jordan
Email: libya@agip.com

MOROCCO
Casablanca
Email: morocco@agip.com

OMAN
Muscat
Email: tagco.oman@tagi.com
Email: oman@agip.com

PAKISTAN
Karachi
Email: pakistan@agip.com

PALESTINE
Gaza
Email: tagco-gaza@tagi.com
Email: gaza@agip.com
Ramallah
Email: tagco.ramallah@tagi.com
Email: westbank@agip.com

QATAR
Doha
Email: tagco.qatar@tagi.com
Email: qatar@agip.com

SAUDI ARABIA
Riyadh
Email: tagco.riyadh@tagi.com
Email: ksa@agip.com
Khobar
Email: tagco.khobar@tagi.com
Jeddah
Email: tagco.jeddah@tagi.com
Abha
Email: tagco.abha@tagi.com

SUDAN
Khartoum
Email: tagco.sudan@tagi.com
Email: sudan@agip.com

SYRIA
Damascus
Email: tagco-syria@tagi.com
Email: syria@agip.com

TUNISIA
Tunisia
Email: tunisia@agip.com

TURKEY
Ankara
Email: turkey@agip.com
Istanbul
Email: can.koc@karincaymm.com.tr

United Arab Emirates
Abu-Dhabi
Email: tagco.abudhabi@tagi.com
Dubai (TAGI)
Email: tagco.dubai@tagi.com
Dubai (TAGIP)
Email: uae@agip.com
Ras Al-Khaimah
Email: tagco.rak@tagi.com
Al-Ain
Email: tagco.alain@tagi.com
Jabal Ali
Email: agip.jebelali@agip.com
Um Al-Quwain
Email: tagco.rak@tagi.com
Sharjah
Email: tagco.sharjah@tagi.com
Ajman
Email: tagco.sharjah@tagi.com
YEMEN
Sana'a
Email: tagco-yemen@tagi.
Email: yemen@agip.com
Arab Society of Certified Accountants (ASCA)
Email: info@ascasociety.org
Arab Society for Intellectual Property (ASIP)
Email: info@aspip.org
Licensing Executive Society Arab Countries (LES-AC)
Email: les@lesarab.org
Arab Knowledge Management Society (AKMS)
Email: akms@akms.org
Arab Intellectual Mediation Society
(AIPMAS)
Email: info@aipmas.org
Talal Abu-Ghazaleh Knowledge Society (TAG-Knowledge)
Amman-Jordan Office
Email: tag-knowledge@tagorg.com
Talal Abu-Ghazaleh Graduate School of Business
Talal Abu-Ghazaleh Graduate School
of Business (TAGSB)
Email: info@tagcb.edu.jo
Talal Abu-Ghazaleh Research Center
(TAG-Research)
Email: tagresearch@tagorg.com
Talal Abu-Ghazaleh University Management Advisory Services (TAG-Universities)
Email: taguniversity@tagorg.com
Academies:
Talal Abu-Ghazaleh Academies (TAG-Academies)
Talal Abu-Ghazaleh Professional Training (TAG - Training Academy)
Email: tagitraining@tagitraining.com
Talal Abu-Ghazaleh Finance and Banking Academy
(TAG-Banking Academy)
Email: tag-cima@tagi.com
Talal Abu-Ghazaleh Languages Academy (TAG-Lingual)
Email: taglingual@tagorg.com
Talal Abu-Ghazaleh Confucius (TAG-Confucius)
Email: info@tagconfucius.com
Talal Abu-Ghazaleh Cambridge International Center
(TAG-CAMBRIDGE)
Email: tagcic-amman@tagorg.com
Arab Omani Management Training Institute
Email: araboman@tagorg.com

Liaison Offices:

Montréal - Canada
Email: nsalame@tagorg.com
New York- USA
Email: rar@robinrolferesources.com
Edinburgh- UK
Email: jsmall@tagi.com
Buffalo- USA
Email: egress@tagcb.edu.jo
Paris- France

TAG-Org offices under establishment

Currently to be established /activated
o Iran
o Malta
o Moscow
o Hong Kong
In the near future:
Azerbaijan
Kazakhstan
South Korea
Malaysia
Lagos – Nigeria
South Africa – Johannesburg
or Cape Town
Kenya – Nairobi
Benin
Ivory Cosat
Brazil
Chile

TAG-Org WEBSITE

Talal Abu-Ghazaleh Organization (TAG-Org) - www.tagorg.com
Services:
Talal Abu-Ghazaleh & Co. International (TAGI) - www.tagi.com
Talal Abu-Ghazaleh Intellectual Property TMP Agents (TAGIP) - www.agip.com
Talal Abu-Ghazaleh Legal (TAG- LEGAL) - www.TAG-LEGAL.com
Talal Abu-Ghazaleh & Co. Consulting (TAG-CONSULTS) - www.agcon.com
Talal Abu-Ghazaleh Information Technology International (TAG-ITI) - www.tagiti.com
Talal Abu-Ghazaleh Valuation (TAG-VALUATION) - www.tagvaluation.com
Talal Abu-Ghazaleh Projects (TAG-ADVISORY) - www.abughazalehprojects.com
Talal Abu-Ghazaleh Translation Distribution and Publishing
(TAG-TRANSLATORS) - www.tagtranslate.com
Talal Abu-Ghazaleh Real Estates Management and Development
(TAG-Aqarat) - www.tag-aqarat.com
Talal Abu-Ghazaleh Capital Services (TAG-Capital) - www.tag-capital.com
Talal Abu-Ghazaleh Recruitment and Human Resources Development
(TAG-RECRUIT) - www.tagirecruitment.com
Talal Abu-Ghazaleh Training (TAG-Training) - www.tagitraining.com
TAGI Book (TAG-Book) - www.tagitop.com
Talal Abu-Ghazaleh Cambridge IT Skills Center (TAG-CAMBRIDGEIT) - www.agcaitc.com
University of Talal Abu-Ghazaleh (TAGEDUCA) - www. universityoftag.com
Talal Abu-Ghazaleh & Co. International Domains
(TAG-Domains) - www.tagidomains.com
Talal Abu-Ghazaleh Intellectual Property Renewals
(TAGIP-Renewals) - www.ag-ip-renewals.com
Arab Society of Certified Accountants (ASCA) - www.ascasociety.org

Arab Society for Intellectual Property (ASIP) - www.aspip.org
Licensing Executive Society – Arab Countries (LES-AC) - www.lesarab.org
Arab Knowledge and Management Society (AKMS) - www.akms.org
Talal Abu-Ghazaleh Knowledge Society (TAG-Knowledge) - www.tagks.com
Arab Organization for Quality Assurance in Education (AROQAE) - www.aroqa.org
Arab Intellectual Property Mediation Society (AIPMAS) - www.aipmas.org
Organization of States Research and Education Network (ASREN) - www.asrenorg.net
Talal Abu-Ghazaleh College of Business (TAGSB) - www.tagcb.edu.jo
Talal Abu-Ghazaleh Research Center (TAG-Research) - www.tagrsc.com
Talal Abu-Ghazaleh University Management Advisory Services
(TAG-Universities) - www.taguniconsult.com
Talal Abu-Ghazaleh Academies (TAG-Academies) - www.tag-academies.com
Talal Abu-Ghazaleh Professional Training Academy
(TAG-Training Academy) - www.tagitraining.com
Talal Abu-Ghazaleh Finance and Banking Academy
(TAG-Banking Academy) - www.tagbankingacademy.com
Talal Abu-Ghazaleh Information & Communication Technology Academy
(TAG-ICT Academy) - www.tagictacademy.com
Talal Abu-Ghazaleh Languages Academy (TAG –LA Academy) - www.tag-languages.com
Talal Abu-Ghazaleh Cambridge International Center
(TAG-CAMBRIDGE) - www.tag-cic.com
Talal Abu-Ghazaleh Educational Consulting (TAG-Education) - www.tageducational.com
Talal Abu-Ghazaleh Confucius (TAG-Confucius) - www.tagconfucius.com
China Visa Application Service Center - www.tag-visa.com

JORDAN:
General Administration
TAG-Org Building, No. 26, Prince Shaker bin Zaid Street, Shmeisani, Amman
PO Box: 921100, Amman 11192,
Hashemite Kingdom of Jordan
Telephone: (+ 962-6) 5100 900
Fax: (+ 962-6) 5100 901
Email: tagi@tagi.com

Chairman's Office
51 El Hegaz Street, 10th Floor,
Mohandseen, Cairo, Egypt
P.O.Box: 96 Imbabah, Cairo 12411, Egypt
Tel: (+ 202) 33002200
Fax: (+ 202) 33045256
E-mail: sla@tagi.com

الأردن
العامة الإدارة
مبنى مجموعة طلال أبو غزالة، رقم 26، شارع الأمير شاكر بن زيد، الشميساني، عمان، الأردن
صندوق البريد: 921100، عمان 11192، المملكة الأردنية الهاشمية
(+هاتف: 5100900 (9626
(+فاكس: 5100901 (9626
البريد الإلكتروني : tagi@tagi.com

مكتب الرئيس
شارع الحجاز، الطابق العاشر، 51
المهندسين، القاهرة، مصر
(+هاتف: 33002300 (202
(+فاكس: 33045256 (202
البريد الإلكترونيsla@tagi.com:

A

Abaction	**سلب (الشيء)، انتزاعه عنوة أو مراغمة**
Abandon	**يترك، يهجر، ينبذ**
Abandonment	**ترك، هجران، تنازل**
Abandonment of a patent application	ترك طلب براءة
Child abandonment	ترك الأطفال، هجر الأطفال، نبذ الأطفال
Job abandonment	ترك العمل، ترك الوظيفة
Law suit abandonment	ترك الدعوى
Patient abandonment	ترك المريض. قيام الطبيب بدفع المريض نحو عدم الحضور له دفعا.
Trademark abandonment	ترك علامة تجارية
Unauthorized abandonment of military unit	ترك للوحدة العسكرية بلا إذن
abatement	**سقوط (دعوى أو مطالبة)، انقضاء (حق)**
abdication	**تنازل عن عرش**
abduction	**اختطاف**
aberemurder	**قتل عمدي**
abet	**[مواد جنائية] يحرض، يشجع، يدفع (إلى اقتراف جريمة)**
Abide	**يراعي، يمتثل**
Abiding conviction	**يقين ملازم، وثوق أو اقتناع جازم (بوقوع فعل)**
Abiding faith	**إيمان ملازم (بوقوع فعل) لا يتزعزع، وثاقة قاطعة**
ability	**قدرة، استطاعة**
able	**موسر**
Able-bodied	**صحيح البنية، سليم الجسم أو الجسد**
Abolish	**يلغي، يبطل**
Abolition	**إلغاء، إبطال**
Capital crime abolition	إلغاء العقوبة العظمى
Slavery abolition	إلغاء العبودية
Abolitionist	**إلغائي. من يؤمن بوجوب إلغاء عقوبة أو إجراء.**
Abolitionism	**الإلغائية. توجه فكري قانوني مفاده الاعتقاد بوجوب إلغاء عقوبة أو إجراء**
Abominable crime	**جرم مقيت**
Abordage	**تصادم بحري**
abort	**(امرأة) تجهض نفسها، تقسط حملها، تطرح، تضع جنيناً قبل اكتمال تكوينه**
Abortion	**إجهاض، إسقاط**
Accidental abortion	إجهاض صُدفي
Deliberate abortion	إجهاض عمدي
Intentional abortion	إجهاض قصدي
Self-induced abortion	إجهاض ناتج عن تحريض ذاتي
Spontaneous abortion	إجهاض تلقائي
Abridgment of damages	**تحديد أضرار أو إنقاصها، كحق المحكمة في تحديد الأضرار أو خفضها وتكييف مقاديرها تبعاً للظروف**
Abrogate	**يبطل، يلغي**
Abrogated	**مُبطل، مُلغى**
Abrogation	**إبطال، إلغاء**
abscond	**يفر سراً (من وجه العدالة)، يختفي، يتوارى تفادياً للوقوع تحت طائلة القانون**
Absconding debtor	**المدين المتواري أو المختفي عن دائنيه: من تحاشي مداينيه وتفادي مواجهتهم**
absence	**غيبة، غياب**
absent	**غائب**
absentee	**غائب متغيب**
absolute	**مطلق**
Absolute title	**حق ملكية مطلق**
abstain	**يمتنع**
Abstainer	**ممتنع**
abstention	**إحجام، امتناع**
Abstract of record	**خلاصة الدعوى أو الإجراء**
Abuse	**[كإسم] إساءة استعمال أو**

	تصرف
	[كفعل] يسيء استعمال، يسيء المعاملة
	[أمانات وودائع] إساءة استعمال الأمانة
	[مواد جنائية] انتهاك البنت القاصر بما يؤذي أعضائها التناسلية
	[إجراءات قانونية] سوء الإجراء
Abuse of authority	إساءة استعمال المنصب / السلطة
Abuse of discretion	إساءة تقدير
Abuse of contractual discretion	إساءة استعمال تقدير تعاقدي
Abuse of judicial discretion	إساءة استعمال التقدير القضائي
Abuse of power	إساءة استعمال النفوذ
Emotional abuse	إساءة عاطفية
Verbal abuse	إساءة لفظية
Child abuse	إساءة معاملة الأطفال
Psychological abuse	إساءة معاملة نفسية
Parental abuse	إساءة معاملة أبوية
Repeat abuse	إساءة معاملة متكررة
Self abuse	إساءة معاملة النفس
Spousal abuse	إساءة معاملة القرين (الزوج)
Wife abuse	إساءة معاملة الزوجة
Abuser	**مسيء المعاملة**
abusive	**تعسفي**
abut	**يلتصق، يلتقي، يتصل**
abuttals	**حدود، تخوم**
abutter	**ملاصق، جار ملاصق**
Ac si	**كما لو، كما لو كان**
Accept	**يتقبل، يوافق، يقر**
Acceptance	**قبول، موافقة**
Acceptance au besion	قبول اضطراري
Acceptance for honour	قبول تشريف
Acceptance under reserve	قبول مع التحفظ
Implied acceptance	موافقة ضمنية
Explicit acceptance	موافقة صريحة
Tacit acceptance	موافقة ضمنية
Verbal acceptance	موافقة شَفْهية
acceptances	**أوراق تجارية مقبولة**
Acceptation	**معنى أو مدلول مصطلح عليه**
Accession	**[قانون روماني] تبيع، تبعي، إضافي، فرعي**
Accession cedit principali	**إذا ضم الفرع إلى الأصل أصبح جزءاً منه**
Accessorium non ducit, sed sequitur suum principale	**الفرع يتبع الأصل لا يتقدمه**
Accessorium sequitur naturam sui principalis	**الفرع يتبع طبيعة أصله**
accessory	**ملحق، تبع، تبيع**
	[قوانين جنائية] متدخل أو شريك
Accessory after the fact	**متدخل بعد الفعل: من علم بارتكاب الجريمة فأخفاها أو آوى المتهم بها**
accident	**نازلة، حدث صدفة**
Accommodation	**قضاء مصلحة الغير مجاناً**
Accommodation acceptance	قبول مجاملة
Accommodation bill	سند (كمبيالة) أو ورقة مجاملة
Accommodation indorsement	تظهير مجاملة
Accompany	**يرافق، يصاحب**
Accomplice	**[مواد جنائية] شريك (في جرم)، من قام عن علم وقصد وطوع منه بمشاركة الفاعل الأصلي في ارتكاب إحدى الجرائم أو الجنايات**
Accord	**اتفاق، تراض**
account	**حساب، ذمة**
Accountable	**مسؤول**
Accountability	**مُساءلة، إمكانية المساءلة**
Account, falsification of	**تزوير الحسابات**
Legal accountability	**مساءلة قانونية**
accredit	**يعتمد**
accredited	**معتمد، معترف به**
accretion	**زيادة التصاق، تعاظم**
Accruing costs	**أتعاب أو مصاريف محكوم بها أو عائدة (نتيجة لحكم)**
Accruing interest	**فوائد متجمعة (على أصل دين)**
Accusable	**قابل للاتهام، يمكن اتهامه**
Accusation	**اتهام**
Substantiated accusation	اتهام مدعوم

Unsubstantiated accusation	اتهام غير مدعوم
Accusability	**القابلية للاتهام، إمكانية الاتهام**
Accuse	**يتهم**
Accused	**مُتهم**
Accuser	**مُتهِم**
Acknowledge	**يعترف، يقر**
acknowledgment	**اعتراف، إقرار**
acquiesce	**يقبل أو يرضى ضمناً (لا صراحة)، يسكت على مبايعة**
acquiescence	**إقرار، سكوت أو تحفظ، قبول ضمني ينطوي على الرضى**
Acquire	**يحرز، يكتسب**
Acquired rights	**حقوق مكتسبة**
Acquirer	**مستحوذ**
Acquiree	**مُستحوذٌ عليه**
Acquisition	**اكتساب، تملك**
Acquittal	**إبراء، أو براءة**
Acquittance	**مخالصة، إبراء ذمة**
Acquittance pro tanto	مخالصة عن جزء معين من الالتزام
Domestic acquisition	استحواذ محلي
Cross border acquisition	استحواذ عابر للحدود
Friendly acquisition	استحواذ سلمي
Hostile acquisition	استحواذ عدائي
Acquisition of business interest	استحواذ على مصلحة تجارية
Acquit	**يبرئ، يحل من التزام، يسدد دينا**
Acquittal	**تبرئة، إعفاء**
Acquittal for lack of evidence	**تبرئة نتيجة عدم وجود أدلة**
Acquittal for insufficiency of evidence	**تبرئة لعدم كفاية الأدلة**
Act	**يفعل، يسلك، ينجز قانون، تشريع**
Act in pais	عمل خارجي، فعل تم خارج المحكمة ولم يدون في سجل رسمي
Act of God	قضاء وقدر
Act on petition	الحكم على العريضة
Bias-motivated act	فعل مدفوع بالتحيز
Bullying Act	تشريع لمواجهة المضايقة
Criminal act	فعل إجرامي
Discriminatory act	فعل تمييزي
Foreign Corrupt Practices Act	تشريع بشأن ممارسات الفساد الأجنبية
Fraudulent act	فعل احتيالي
Guilty act	فعل مُذنِب، فعل مُجرَم
Injurious act	فعل مؤذٍ
National Labor Relations Act	تشريع بشأن العلاقات العمالية الوطنية
Privacy Act	تشريع بشأن الخصوصية
Right to Information Act	تشريع بشأن الحق في المعلومات
acting	**بالنيابة**
Actio mixta	**دعوى مختلطة**
Actio operis novi nuntiatio	**دعوى وقف العمل الجديد**
Action	**عمل، فعل، تصرف**
Action ex contractu	دعوى تعاقدية: تقوم على الإخلال بالتزام تعاقدي صريح أو ضمني
Action ex delicto	دعوى جزائية، دعوى مضارة: تقوم على تعد أو إيذاء أو خطأ أو إخلال بواجب يفرضه عقد
Contract based action	إجراء قضائي مستند إلى عقد
Legal action	إجراء قانوني
Non suable action	فعل لا يمكن مقاضاة فاعله
Remedial action	إجراء جبري
Statutory cause of action	إجراء قضائي مستند إلى قانون مكتوب
Suable action	فعل يمكن مقاضاة فاعله
Actionable	**محل لمطالبة قضائية**
actionary	**مساهم أو محاص، يملك أسهماً في شركة**
Action on the case	**نوع من الدعاوى الشخصية عظيم الشيوع**
Active	**نشط**
Active debt	**دين ذو غلة أو فائدة**
Activities	**نشاطات**
Illicit activities	نشاطات غير مشروعة
Activism	**تعبير يطلق على القيام بنشاطات تؤثر في الحياة العامة**
Judicial activism	تعبير يطلق على الأحكام القضائية التي تصدر وفقا

	لتفضيلات شخصية وسياسية وأيديولوجية من جانب مصدرها عوضا عن صدورها وفقا لنصوص القانون والسوابق القانونية المعتمدة
Activist	**ناشط**
Constitutional activist	ناشط دستوري
Human rights activist	ناشط في مجال حقوق الإنسان
Legal activist	ناشط قانوني
Activity	**نشاط**
Altra hazardous activity	نشاط شديد الخطورة
Actor	**فاعل**
Actor incumbit probatio exceptione actor est	عبء الاثبات على المدعى في الدعوى (أي الادعاء)، وعلى المدعى عليه الدفع (أي الاعتراض أو الإنكار)
Actore non probante reus absolvitur	إذا عجز المدعي عن الإثبات برئ المدعى عليه
Actori incumbit onus probandi	البينة على من ادعى، أو عبء الإثبات على المدعي
Legal actor	فاعل قانوني، لاعب قانوني، صاحب دور قانوني
actrix	**مدعية**
Actual	**واقعي، حقيقي**
Actual loss	**خسارة فعلية أو واقعية**
Actual value	**قيمة فعلية**
Actus	**فعل**
Actus non facit reum, nisi mens sit rea	لا يجعل الفعل فاعله مجرماً ما لم يقترن بنية إجرامية
Actus reus	فعل مذنب
Called to the bar	قبل (أو مقبول) في جمعية المحامين
Ad diem	**حتى اليوم الموعود (أو المعين)**
Ad excambium	**من قبيل البدل، على سبيل التعويض**
Ad questionem facti non respondent judices, ad questionem juris non respondent juratores	**يسأل المحلفون في نطاق الواقع، ويسأل القضاة في نطاق القانون**
Ad summam	**بالنتيجة، ختاماً**
Ad valorem	**حسب القيمة، بموجبها، بنسبتها، على أساسها، قيمي**
Ad verbum	**حرفياً، كلمة كلمة**
Addendum	**مُلحق**
Addendum controlling	**الملحق يسود. عبارة مفادها أنه في حالة التعارض بين أي من بنود العقد وبنود الملحق التعديلي فإن بنود الملحق التعديلي تعلو.**
addict	**مدمن مسكرات أو مخدرات، معاقر**
addition	**زيادة، إضافة**
Address	**يوجه، يخاطب، يعنون، عنوان، خطاب**
Last known address	**آخر عنوان معلوم**
adduce	**يستشهد بأمر**
adeem	**يزيل (أثر شيء)، ينسخ، يلغي**
ademption	**رجوع في وصية أو إبطالها**
Adequate	**كافٍ، مجزيء**
Adhere	**يلتزم**
Adherent	**ملتزم**
Adherence	**التزام**
Adherence to the law	**الالتزام بالقانون**
adhesion	**إذعان**
Adjourn	**يرفع، يؤجل**
Adjourned summons	**تكليف أو أمر قضائي يبحث في غرفة المشورة ثم يعاد إلى المحكمة للمناقشة**
Adjournment	**تأجيل، إرجاء**
Adjudge	**يحكم، يقضي**
adjudication	**حكم**
Admeasurement of dower	**إعادة النظر في نفقة أو مرتب**
adminicular	**ممهد، تمهيدي**
Adminicular evidence	**بينة أو شهادة متممة**
Adminiculum	**سند، دعامة، بينة تبعية**
administration	**إدارة**
Administrative	**إداري**
Administrative law	**قانون إداري**
Administrator	**مدير تركة**
Court-appointed administrator	مدير معين من قبل المحكمة
administratrix	**مديرة تركة**
admissible	**مقبول، جائز**
admission	**قبول، تسليم**

Admission of document قبول مستند
Admission of evidence قبول دليل
Admission of witness قبول شاهد. قبول سماع شاهد في دعوى.
Admit يقر، يعترف
Admitted مقبول، تم الإقرار به
Admitted by the court مقبول من جانب المحكمة
Admitted by the defendant تم الإقرار به من جانب المدعى عليه
admonition تنبيه، لوم، إنذار
Admortization تحويل ملكية الأرض
Adopt يتبنى
Adoptive act تشريع محلي
Adult راشد أو بالغ (سن الرشد)
Adulteration إفساد (عناصر شيء)
Adulterator غشاش، مزيف
Adulterer زانٍ
Adulteress زانية
Adulterine ولد سفاح
adultery زنا
advance سلفية
Advance payment دفعة معجلة
Adventure مغامرة
Adverse معاكس، سلبي
Adverse interest مصلحة عكسية، مصلحة متضاربة
Adverse possission حيازة كاسبة (للملكية)
Advertise يعلن
Advertisement إعلان
Libelous advertisement إعلان تشهيري، إعلان قذفي
Misleading advertisement إعلان مضلل
Advertising عملية الإعلان
Deceptive advertising إعلان خداعي
False advertising إعلان زائف
Advice نصيحة
Confidential advice مشورة سرية
Free advice مشورة مجانية
Litigation advice مشورة بشأن تقاضٍ
Unsolicited advice مشورة
Advise ينصح، يفتي
Advisedly قصداً
Advisement اعتبار، مشاورة، مذاكرة
adviser مستشار
Advisor مستشار، مُشير
Corporate legal advisor مستشار قانوني مختص بالمؤسسات والشركات
In house legal advisor مستشار قانوني داخلي
Independent legal advisor مستشار قانوني مستقل
Islamic banking advisor مستشار بنكية إسلامية
Legal Advisor مستشار قانوني
Retained legal advisor مستشار قانوني مرتبط بعقد استبقاء
Sharia advisor مستشار شرعي
Advisory افتائي، استشاري
advocacy محاماة
Advocate [كفعل] يدافع
[كاسم] محامي
Abortion advocate مؤيد للإجهاض
Advocate General المحامي العام
Alternative sentencing advocate مؤيد لإنزال عقوبة بديلة
Death penalty abolition advocate مؤيد لإلغاء عقوبة الإعدام
Death penalty advocate مؤيد لعقوبة الإعدام
Environmental justice Advocate مؤيد للتعامل العادل مع البيئة
Advocation نقل الدعوى قبل الفصل فيها من محكمة إلى أخرى أعلى منها
Advocator مستأنف، محامي، مرافع
Aequitas est correctio legis generaliter latae, qua parte deficit العدالة المطلقة تصلح ما يعجز القانون عن إصلاحه
Aerodrome مطار
Aerodrome of departure مطار القيام
Aerodrome of destination مطار الوصول
Aesnecia إيثار الولد الأكبر
Aestimatio capitis جعالة الرأس: ما يجعل من مال على سبيل المكافأة للقبض على شخص معين
Affect يؤثر (في)
affidavit إفادة كتابية مشفوعة بيمين،

	تصريح
affile	**يودع في ملف**
Affiliate	**شركة تابعة**
Affiliation	**انضمام**
Political affiliation	انتساب سياسي
Affirm	**يصدق، يؤكد**
Affirmanti, non neganti incumbit probatio	**عبء الإثبات على من أكد الشيء لا على من أنكره**
Affirmation	**إقرار، توكيد**
affirmative	**توكيدي**
Affix	**يبصم (بخاتم)، يضع أو يثبت (توقيعاً أو غيره)**
Afford	**يستطيع**
Affordable	**ممكن**
Affranchise	**يحرر، يحل (من قيد أو التزام)**
Aforesaid	**متقدم الذكر**
Aforethought	**سبق تفكير، سبق تصور أو تصميم**
After	**تالياً**
Against	**في مواجهة، ضد**
Agalma	**بصمة، تمغة، إشارة أو علامة**
Age	**سن، عمر**
Full age	سن الرشد
Age of discretion	**سن الإدراك**
Age of majority	**سن الرشد (21 عاماً)**
Age of maturity	**سن البلوغ أو النضج ويراد بها سن الرشد**
Agency	**نيابة، الوكالة**
Agency coupled with interest	**نيابة نفعية، قائمة على منفعة أو مقترنة بمصلحة**
Agenda	**جدول أعمال**
agenesia	**[طب شرعي] عجز الذكر أو الأنثى عن الاتصال الجنسي**
Agent	**نائب**
Exclusive agent	وكيل حصري
Intellectual property agent	وكيل ملكية فكرية
Non-exclusive agent	وكيل غير حصري
Sole agent	وكيل وحيد
Trade Marks and Patents Agent	وكيل علامات تجارية وبراءات
Aggravate	**يشدد، يفاقم**

Aggravated	**مشدد**
Aggravation	**تشديد**
Aggregate	**إجمالي**
Aggression	**عدوان**
Aggressive	**عدواني**
Aggressor	**معتد**
Aggrieve	**يظلم، يسبب ضرر**
Aggrieved	**مظلوم، مضرور**
Agitator	**محرض، مشاغب، مهيج**
agree	**يوافق**
Agreement	**اتفاق، عقد**
Advisory agreement	اتفاق استشاري
Advisory services agreement	اتفاق لتقديم خدمات استشارية
Agency agreement	اتفاق وكالة
Amendment agreement	اتفاق تعديل
Arbitration Agreement	اتفاق تحكيم. عقد يتفق الطرفان بموجبه على اختيار التحكيم كسبيل لفض نزاع.
Building agreement	اتفاق بشأن بناء
Business Advisory Services Agreement	اتفاق بشأن تقديم خدمات استشارات تجارية
Collective bargaining agreement	اتفاق جماعي بشأن مساومة جماعية. اتفاق يتمخض عن مساومة موظفين مع رب العمل لتحسين أوضاع العاملين بما في ذلك الرواتب وساعات العمل والتأمين الصحي.
Commodity swap agreement	اتفاق تبادل سلع
Concession agreement	اتفاق امتياز
Confidential separation and severance agreement	اتفاق خصوصي بشأن الانفصال عن العمل ومدفوعات الانقطاع عن العمل. عقد يبرمه رب العمل مع الموظف لتنظيم عملية خروج الموظف من العمل وما قد يتصل بذلك من تعويضات.
Consultancy services agreement	اتفاق بشأن تقديم خدمات استشارية
Corruption-driven concession agreement	اتفاق امتياز يقوده الفساد
Credit agreement	اتفائق بشأن ائتمان

Currency swap agreement	اتفاق تبادل عملات
Definitive agreement	اتفاق قطعي
Distributor agreement	اتفاق تعيين موزع
Drilling agreement	اتفاق بشأن عمليات حفر
Equity swap agreement	اتفاق تبادل أسهم
Escrow Agreement	اتفاق ثلاثي يتم بموجبه الاتفاق على أن يودع أحد الطرفين مبلغا من المال لدى طرف ثالث على أن يقوم الطرف الثالث بتحويل المبلغ للطرف الثاني في حالة وفاء الطرف الثاني بالتزام متفق عليه.
Exclusive agency agreement	اتفاق وكالة حصرية
Executed agreement	اتفاق مُبرم، اتفاق مُنفذ
Exploration Agreement and Option to Purchase	اتفاق بشأن استكشاف مع خيار الشراء
Film co-production agreement	اتفاق بشأن المشاركة في إنتاج فيلم
Film making agreement	اتفاق بشأن صناعة فيلم
Ijara wa iqtina'a Agreement	اتفاق إجارة ثم اقتناء. عقد يقوم بموجبه الممول بشراء عقار أو معدات أو خلافه بناء على طلب العميل، ثم يقوم الممول بتأجير العقار أو المعدات للعميل، وفي نفس الوقت يتفق الطرفان على بيع العقار للعميل. ويتم تحديد مدة الإجارة ورسومها مقدما. وخلال فترة الإجارة يبقى العقار ملكا للطرف الذي اشتراه، عقب انتهاء مدة الإجارة يصبح العقار ملكا للعميل.
Ijarah Agreement	اتفاق إجارة. عقد يقوم بموجبه الممول بشراء عقار أو معدات أو خلافه بناء على طلب العميل ثم يقوم الممول بتأجير العقار أو المعدات للعميل. ويتم تحديد مدة الإجارة ورسومها مقدما.
Independent contractor agreement	اتفاق تعيين مقاول مستقل
Intellectual property sale agreement	اتفاق بشأن بيع ممتلك فكري
Invalid agreement	اتفاق غير نافذ
Istisna'a Agreement	اتفاق استصناع. اتفاق يقوم بموجبه الممول بتصنيع منتج لصالح العميل بناء على طلب العميل.
Kafalah Agreement	اتفاق ثلاثي يقوم بموجبه طرف ثالث (الكفيل) بضمان سداد دين لصالح الدائن.
Law firm retainer agreement	اتفاق استبقاء مؤسسة قانونية. عقد ينظم عملية حصول عميل على خدمات مؤسسة محاماة وخدمات قانونية لفترة ممتدة.
Licensing agreement	اتفاق بشأن منح ترخيص
Loan agreement	اتفاق بشأن قرض
Maintenance agreement	اتفاق صيانة
Manufacturing agreement	اتفاق بشأن تصنيع
Mudarabah Agreement	اتفاق مضاربة. عقد بين طرفين أحدهما يوفر المال (رب المال) والآخر يقدم الجهد التجاري والذي يكون ذا مهارة في المجال الذي تتم المضاربة فيه (المضارب). وفي مجال التمويل الإسلامي يتم اعتماد إطار المضاربة بحسبانه إطارا تمويليا بحيث يقوم الممول بدور رب المال، ويقوم الحاصل على التمويل بدور المضارب ومدير عملية المضاربة، وبحيث يقوم العميل / المضارب بتوجيه طلب للممول لشراء بضاعة له ويقدم البنك تمويل شراء البضاعة مقابل ربح يحدد سلفا.
Murabahah Agreement	اتفاق مرابحة. عقد بيع بضاعة بثمن مؤجل. من تطبيقاته الكلاسيكية قيام بنك بشراء معدات طلبها عميل ويقوم البنك ببيع المعدات للعميل بسعر متفق عليه يتضمن هامش ربح للبنك. وعادة ما تتضمن المرابحة قيام العميل بسداد السعر على أقساط خلال فترة متفق عليها. وفي بعض الأحيان يسمى هذا البيع بيع بثمن

	عاجل و بيع بثمن مؤجل.
Musharakah Agreement	اتفاق مشاركة. عقد ينظم اتفاق طرفين على المشاركة في الأرباح والخسائر في عملية تجارية. وفي مجال التمويل الإسلامي يتم اعتماد إطار المضاربة بحسبانه إطارا تمويليا بحيث يقوم الممول بتوفير الأموال المختلطة بمال العملية التجارية ومال الآخرين. ويكون من حق جميع من وفروا المال أن يشاركوا في الإدارة. ويتم توزيع الربح فيما بينهم بنسب سبق الاتفاق عليها، بينما يتحمل كل شريك الخسارة التي تعدل نسبة مشاركته في رأس المال.
Muzarah agreement	اتفاق مزارعة. عقد بين طرفين يقضي بقيام المستأجر باستئجار الأرض الزراعية من المالك مقابل حصة في المحصول الزراعي.
Noble loan agreement	اتفاق بشأن قرض حسن
Non-disclosure agreement	اتفاق بشأن عدم الإفصاح
Non-exclusive reseller agreement	اتفاق بشأن تعيين مُعيد بيع غير حصري
Partnership agreement	اتفاق مشارطة، اتفاق شركة تضامن
Product supply agreement	اتفاق تويد منتج
Production sharing Agreement	عقد تقاسم إنتاج
Purchase and sale agreement	اتفاق بشأن شراء وبيع
Renewal agreement	اتفاق تجديد
Rental agreement	اتفاق بشأن استئجار
Retainer agreement	اتفاق استبقاء
Revenue sharing agreement	اتفاق بشأن المشاركة في العائد
Salam Agreement	عقد سلم. بيع بضاعة ستسلم لاحقا مقابل مبلغ مقدم، يتعهد فيه البائع أن يسلم المشتري بضاعة محددة في موعد لاحق مقابل ثمن مقدم في مجلس العقد، وهو يعد استثناء من القاعدة العامة التي مفادها عدم بيع بضاعة غير حاضرة في مجلس العقد.
Sale agreement	اتفاق بيع
Secondment agreement	اتفاق استقدام
Security agreement	اتفاق بشأن الأمن
Separation agreement	اتفاق انفصال. عقد ينظم عملية انفصال العامل عن رب العمل.
Services agreement	اتفاق لتقديم خدمات
Shareholders agreement	اتفاق شركاء
Shares transfer agreement	اتفاق بشأن تحويل أسهم
Sole agent agreement	اتفاق بشأن تعيين وكيل حصري
Sole distributor agreement	اتفاق بشأن تعيين موزع وحيد
Stand-alone agreement	اتفاق مستقل بذاته
Standstill agreement	اتفاق يتم اعتماده لمواجهة محاولة استحواذ عدائي.
Supply agreement	اتفاق بشأن توريد
Supply of goods agreement	اتفاق بشأن توريد سلع
Swap agreement	اتفاق تبادل
Syndicated columnist agreement	اتفاق بشأن استكتاب مُجمَّع لكاتب عمود
Syndicated loan agreement	اتفاق بشأن قرض مجمع
Transfer agreement	اتفاق تحويل
Unexecutable agreement	اتفاق غير قابل للتنفيذ
Unexecuted agreement	اتفاق غير مبرم، اتفاق غير مُنفذ
Valid agreement	اتفاق نافذ
Aggressive	**عدواني، شديدة الجرأة**
Aggression	**عدوان**
Workplace aggression	العدوان في مكان العمل
Aid	**يساعد، مُساعَدَة، مُساعِد**
Judicial aid	مساعدة قضائية، مساعد قضائي
Legal aid	مساعدة قانونية، مساعد قانوني
Ailment	**علة، عاهة**
Aim a weapon	**يصوب سلاحاً، يسدده أو يوجهه**
Aleatory	**جزافي، غرر**
Aleatory contracts	**عقود غرر**
alien	**أجنبي**
alimony	**نفقة الزوجية**
Aliter	**وإلا**

All and singular	**جمعاً وأفراداً، جميعاً بلا استثناء**
All up weight	**[قواعد الطيران] وزن الطائرة الإجمالي**
allegation	**إدعاء**
Allege	**يدعي**
Allegation	**زعم**
Allegations	**مزاعم**
Fabricated allegations	مزاعم مُفبركة، مزاعم مصطنعة
Allegations of underperformance	**مزاعم مفادها أن الأداء أضعف من الحد اللازم**
Allocate	**يوزع، يخصص**
Allocation	**تعيين، تخصيص**
Allot	**يخصص، يفرز**
Allotment	**تخصيص، فرز**
Allow	**يجيز، يأذن**
Allowance	**علاوة**
Alloy	**خليط أو مزيج معدني**
Alluvion	**زيادة التصاق**
Alter	**يعدل، يغير**
Alteration	**تعديل، تغيير**
Alteration of website content	**تبديل محتوى خاص بموقع شبكي**
Alteration of serial number	**تبديل رقم تسلسلي**
Alteration of document	**تبديل مستند**
Alternate	**يبدل**
alternative	**بديل**
Amalgamate	**يدمج**
Amalgamation	**دمج أو اندماج**
Amalphitan code or table	**مجموعة قوانين**
Ambassador	**سفير**
Ambassador extraordinary	**سفير فوق العادة**
Ambassador plenipotentiary	**سفير مفوض**
ambidexter	**يحسن استعمال كلتا يديه**
ambiguity	**غموض، إبهام**
amenable	**مسؤول**
Amend	**يعدل**
Amendment	**تعديل**
Constitutional amendment	تعديل دستوري
Amicable	**ودي، رضائي**
amnesia	**فقدان الذاكرة**
Amnesty	**عفو**
Amnesty international	العفو الدولية. منظمة غير حكومية غرضها الدفاع عن حقوق الإنسان ومواجهة التعذيب.
Government amnesty	عفو حكومي
Presidential amnesty	عفو رئاسي
among	**بين، فيما بين**
Amount	**مقدار، مبلغ**
Amount to	**يبلغ**
Amputate	**يبتر أو يقطع**
analogy	**قياس**
analyse	**يحلل**
Analysis	**تحليل**
Case analysis	تحليل القضية
Criminal analysis	تحليل إجرامي
Jury analysis	تحليل المحلفين. تحليل نفسي شخصي لخلفية المحلفين وتصويتهم المحتمل فيما يتصل بإدانة المتهم أو عدم إدانته.
Anarchy	**فوضى**
Internet anarchy	فوضى الشبكة البينية
Anarchism	**فوضوية**
Anarchist	**فوضوي**
anathema	**لعين، عليه اللعنة**
ancestor	**سلف، أصل**
Ancillary	**تبعي**
Ancillary attachment	**حجز تبعي**
Ancillary jurisdiction	**اختصاص تبعي**
Ancillary proceeding	**إجراء تبعي**
Ancillary suit	**دعوى تبعية**
Androlepsy	**احتجاز إحدى الدول لرعايا دولة أخرى كي تقهرها على أمر معلوم أو على أن تنصفها في موضوع معين**
annex	**[كفعل] يضم** **[كاسم] ملحق**
annotation	**شرح، ملاحظة، تعليق**
Annuity	**راتب عمري، إيراد دائم يدفع للمستفيد طيلة حياته ويسمى في**

in perpetuity	هذه الحال
Annul	يبطل، يلغي
Annulment	إبطال، إلغاء
Annulment of arbitration awards	إبطال قرارات التحكيم
Marriage annulment	إبطال زواج
Anomalous indorser	مظهر استثنائي
Anomaly	شذوذ أو انحراف عن قاعدة عامة
Anonymous	مجهول
Answer	جواب أو دفاع
answerable	مسؤول (عن شيء)، يحمل تبعته أو إثمه
Anthropology	أنثروبولوجيا
Criminal anthropology	الأنثروبولوجيا الإجرامية
Criminal anthropologist	أنثروبولوجي إجرام
Anti-	مضاد لـ مجابه لـ رافض لـ
Anti-constitution	مناهض للدستور، مناهض للدساتير
Antigraphy	صورة أو نسخة أصلية
Antinomy	تنازع، تنافر
Anti-state	رافض للدولة
Anti-social	مجابه للمجتمع
Apertum factum	فعل مشهود، عمل مكشوف
Apex juris	ذروة القانون، غاية الدهاء القانوني أو الفطنة القضائية
apology	اعتذار
apostasy	ردة عن عقيدة
Apparent	ظاهر
Apparent authority	سلطة أو وكالة ظاهرة
Appeal	يستأنف
Appeal of patent claim	استئناف ادعاء منصب على براءة
Appealability of judicial orders	قابلية الأوامر القضائية للاستئناف
Appealable	قابل للاستئناف
Appear	يمثُل
Appearance	حضور أو مثول أمام قاض
Court appearance	مثول أمام المحكمة
Appearance by counsel	حضور بالمحامي
appellant	مستأنف
Appellate	استئنافي
appellee	مستأنف ضده
Appendix	مرفق (ملحق)، اتفاقية
Applicable	ساري
Applicant	مقدم طلب، مستدع
application	طلب كتابي، عريضة
apply	[في صرف الأموال] يخصص أو يرصد مالاً لجهة معلومة أو ينفقه عليها
Appoint	يعين
Appointee	مُعيَّن ـ شخص معين من جهة ذات سلطة للإشراف على أملاك شخص يحتاج إلى إشراف.
Appointment	تعيين
Appointment of arbitrator	تعيين المحكم
Board appointment	تعيين المجلس، تعيين أعضاء المجلس
Court appointment	تعيين من قبل المحكمة
Court appointment of a liquidator	تعيين المحكمة للمصفي
Mediator appointment	تعيين الوسيط
appreciate	يقدر
Appropriate	يتملك [كنعت] مناسب، صحيح
Appropriation	تملك، استيلاء، وضع يد
Approval	موافقة، قبول
Approve	يوافق
approximate	تقريبي
Arbitrate	يحكم
Arbitral	تحكيمي
arbitrary	تحكمي، تعسفي
Arbitration	تحكيم
Ad-hoc arbitration	تحكيم خاص
Binding arbitration	تحكيم ملزم
Compulsory arbitration	تحكيم إجباري
Customary arbitration	تحكيم عرفي
Independent arbitration	تحكيم مستقل
Institutional arbitration	تحكيم مؤسسي
International commercial arbitration	تحكيم تجاري دولي
Mandatory arbitration	تحكيم إلزامي
Multi-institutional arbitration	تحكيم يتم من خلال عدد من المؤسسات

Multi-party arbitration	تحكيم في نزاع متعدد الأطراف
Non-binding arbitration	تحكيم غير ملزم
Voluntary arbitration	تحكيم طوعي
Arbitrator	**محكم**
Ad hoc arbitrator	محكم خاص
Certified arbitrator	محكم معتمد
Claimant's appointed arbitrator	المحكم المعين من قبل المُحتكِم
Court-appointed arbitrator	محكم معين من قبل المحكمة
Party-appointed arbitrator	محكم معين من قبل طرف
Respondent's appointed arbitrator	المحكم المعين من قبل المُحتَكَم ضده
Sole arbitrator	محكم وحيد
The presiding arbitrator	المحكم الذي يترأس التحكيم
Arbitrators	**محكمون**
Ad hoc arbitrators	محكمون خاصون
Multiple arbitrators	محكمون متعددون
The parties appointed arbitrators	المحكمون المعيونون من قبل الأطراف
Area	**مساحة، مكان، مجال**
Areas	**مساحات**
Areas of compliance vulnerability	**مساحات للهشاشة المرتبطة بالتوافق. مساحات في النشاط العملي التجاري أو الإداري يكون الخروج على القانون وعدم التوافق معه أكثر احتمالا.**
Areas of practice	**مجالات النشاط. تعبير يطلق على المجالات المحدودة التي يتخصص فيها القانوني من بين مجالات القانون العديدة.**
argument	**حجة، مرافعة**
arise	**ينشأ**
Arrest	**يحجز (شخصاً)**
Arbitrary arrest	قبض تحكمي. قبض على شخص مفتقر لأساس قانوني.
Arrest without warrant	قبض دون أمر
Authorized arrest	قبض مُستندٌ لتخويل
Drug arrest	قبض بشأن مخدرات
Resisted arrest	قبض تمت مقاومته
Unresisted arrest	قبض بلا مقاومة
Art	**فن**
Art of advocacy	**فن المحاماة**
Article	**بند، مادة**
Articles	**بنود، مواد**
Articles of association	**قانون الشركة الأساسي**
Articles of organization	**عقد التأسيس، البنود التأسيسية**
Articulate	**يصوغ**
ask	**يسأل، يلتمس**
Assassin	**مختص بالاغتيال**
Assassinate	**يغتال**
Assassination	**اغتيال**
Character assassination	اغتيال الشخصية
Intellectual assassination	اغتيال فكري
Assault	**اعتداء**
Armed assault	اعتداء مسلح
Emotional assault	اعتداء عاطفي
Nonphysical assault	اعتداء غير جسدي
Physical assault	اعتداء جسدي
Sexual assault	اعتداء جنسي
Unaramed assault	اعتداء دون سلاح
Virtual assault	اعتداء افتراضي. اعتداء عبر الشبكة البينية
Assemble	**يجتمع**
Assembly	**اجتماع**
Disorderly assembly	تجمع فوضوي
General assembly	جمعية عامة
People's assembly	مجلس الشعب
Unauthorized assembly	تجمع غير مستند لإذن
assertion	**جزم، تأكيد**
Assess	**يقدر**
Assessment	**تقدير، تثمين**
Assessment of company's franchizability	تقييم قابلية الشركة أن تمنح امتيازا
Law suit assessment	تقييم دعوى قضائية
Legal risk assessment	تقييم مخاطرة قانونية
Litigation assessment	تقييم تقاض
Trademark licensability assessment	تقييم قابلية العلامة التجارية للترخيص
Assessor	**مقيم**
Legal assessor	مُقَيم قانوني
Assets	**أصول، موجودات، أموال**

Competitive intangible asset	أصل تنافسي غير ملموس. جملة المعرفة الفنية والتجارية التي تحملها الشركة وتتميز بها.
Confiscated asset	أصل تمت مصادرته
Fixed asset	أصل ثابت
Intangible asset	أصل غير ملموس
Legal intangible asset	أصل قانوني غير ملموس. من أمثلته الممتلكات الفكرية كالعلامات والبراءات.
Movable asset	أصل منقول
Non-transferrable asset	أصل غير منقول
Sequestrated asset	أصل تم إخضاعه للحراسة
Unmovable asset	أصل ثابت
Assign	**[كفعل] يتنازل، يتفرغ** **[كاسم] متنازل له**
Assignee	**محال إليه**
Assignor	**محيل، متنازل للغير**
Assignment	**حوالة**
Assignment of proceeds	**تنازل عن متحصلات**
Assignment of proceeds of letter of credit	**تنازل عن متحصلات اعتماد مستندي**
Assignment of royalty	**تنازل عن إتاوة**
Assist	**يعاون، يساعد**
assistant	**معاون، مساعد**
Association	**اتحاد، جمعية**
assume	**يفترض**
Assurance	**تعهد**
Reasonable assurance of repayment	ضمانة معقولة لإعادة السداد
Assure	**يؤَمِّن**
Assured	**مؤَمَّن، مضمون**
assurer	**مؤَمِّن، ضامن**
attachment	**حجز، مرفق مع عقد**
Attempt	**يحاول، محاولة، يشرع في، شروع**
Attorney	**وكيل، محامي**
Attorney at law	**محام**
Attorney in fact	**وكيل عادي**
Attorney general	**نائب عام**
City attorney	محامي المدينة. محام يتم تعيينه أو انتخابه لتقديم خدمات قانونية لأجهزة المدينة الإدارية وفق نظم بعض البلدان.
Contract attorney	محامي عقود
Criminal defense attorney	محام مختص بالدفاع الجنائي
Patent attorney	محامي براءات
Staff attorney	محامي عاملين
attorneyship	**وكالة**
attribute	**يعزو**
Auction	**مزاد علني**
Physical auction	مزاد مادي
Virtual auction	مزاد افتراضي
Audit	**يدقق، تدقيق**
Compliance audit	تدقيق بشأن التوافق
Corporate governance audit	تدقيق بشأن الحوكمة المؤسسية
Corruption audit	تدقيق بشأن الفساد
Fraud audit	تدقيق بشأن الغش
Governance audit	تدقيق بشأن الحوكمة
Intellectual property audit	تدقيق ملكية فكرية
Legal audit	تدقيق قانوني
Patent audit	تدقيق براءات
Sharia audit	تدقيق بشأن الالتزام بأحكام الشريعة
Auditor	**مدقق**
Compliance auditor	مدقق توافق
Independent auditor	مدقق مستقل
Legal auditor	مدقق قانوني
Shariah auditor	مدقق شرعي
Authentic	**أصيل**
Authenticate	**يثبت أصالة الشيء**
Authenticated	**يثبت الأصالة**
Authentication	**إثبات أصالة الشيء**
Account ownership authentication	إثبات ملكية الحساب. إثبات ملكية الشخص أو الشركة للحساب البنكي.
DNA authentication	إثبات الحمض النووي
Identity authentication	إثبات الهوية
User authentication	إثبات هوية المستخدم
Authenticity	**أصالة، قانونية**
author	**مؤلف**
Authoritarian	**متسلط**

Authoritarianism	**تسلطية**
Legal authoritarianism	تسلطية قانونية
Authorities	**سلطات**
Law enforcement authorities	سلطات إنفاذ القانون
Occupation authorities	سلطات الاحتلال
Authority	**تصريح، مبدأ قضائي**
Abused authority	سلطة أسيءَ استعمالها
Assumed authority	سلطة مفترضة
Actual express authority	سلطة صريحة
Apparent authority	سلطة واضحة
Appropriate authority	سلطة صحيحة
Discretionary authority	سلطة تقديرية
Executive authority	سلطة تنفيذية
Inherent authority	سلطة صُلبية
Implied authority	سلطة ضمنية
Judicial authority	سلطة قضائية
Legislative authority	سلطة تشريعية
Legitimate authority	سلطة شرعية
Parental authority	سلطة أبوية
Religious authority	سلطة دينية
Usurped authority	سلطة مغتصبة
Authorize	**يُخَوِّل، يفوض**
Authorization	**يخول، يمنح سلطة**
Contractual authorization	تخويل تعاقدي
Court authorization	تخويل من قبل محكمة
Due authorization	تخويل سليم
Explicit authorization	تخويل صريح
Implicit authorization	تخويل ضمني
Informal authorization	تخويل غير رسمي
Irrevocable authorization	تخويل (توكيل) غير قابل للإلغاء بالرجوع فيه
Notarized authorization	تخويل مُوثق
Official authorization	تخويل رسمي
Authorized	**مُخَوَّل**
Duly authorized	مُخَوَّل تخويلا سليما
avails	**أرباح، عوائد**
Avoid	**يبطل، يلغي**
Avoidance	**إبطال، إلغاء، تجنب**
Military service avoidance	تجنب الخدمة العسكرية
Tax avoidance	تجنب الضرائب
Award	**يمنح، يوافق على، قرار، حكم، جائزة**
Additional award	قرار إضافي. قرار تصدره هيئة التحكيم من تلقاء نفسها أو بناء على طلب من أحد الطرفين للفصل في مسألة لم يفصل فيها القرار الأساسي الصادر عنها بشأن النزاع.
Annulled arbitration award	حكم تحكيمي مُبطل
Arbitral award	حكم تحكيمي، قرار تحكيم
Domestic arbitral award	حكم تحكيم محلي
Entirely national arbitration award	حكم تحكيم محلي بالكلية
Executable foreign arbitral award	حكم تحكيمي أجنبي قابل للتنفيذ
Final arbitral award	حكم تحكيم نهائي
Foreign arbitral award	حكم تحكيم أجنبي
Interim arbitral award	حكم تحكيم وقتي
Non Convention arbitral award	حكم تحكيم غير صادر وفقا للمعاهدة. حكم تحكيم غير صادر وفقا لمعاهدة الاعتراف بأحكام التحكيم الأجنبي.
Reasoned arbitral award	حكم تحكيم مُسبب
Unreasoned arbitral award	حكم تحكيم غير مسبب
Void arbitral award	حكم تحكيمي باطل
Awardee	**الصادر لصالحه القرار، الصادر لصالحه حكم التحكيم**

B

Bad faith	سوء نية
Bail	[كفعل] يكفل [كاسم] كفيل، كفالة
bailee	وديع، مودع
Bailing out	القيام بتسديد كفالة الخروج
Balance	رصيد حساب
ban	يحظر، يمنع
Banish	ينفي
Banished	منفي
Banishment	نفي
bank	هيئة المحكمة
Bank note	ورقة نقدية
Banking	بنكية، مصرفية
Conventional banking	بنكية تقليدية
Islamic banking	بنكية إسلامية
Shariah compliant banking	بنكية متوافقة مع الشريعة
bankrupt	مفلس
Bankruptcy	إفلاس
bar	نقابة محامين
bargain	صفقة، معاملة
Barrister	محام مرافعات
base	قاعدة
battery	ضرب، عنف
bear	يتحمل
Bearer	حامل سند
before	قبل، أمام محكمة أو هيئة
Behavior	سلوك
Criminal behavior	سلوك إجرامي
Self-harm behavior	سلوك منطوٍ على إيذاء النفس
Unconstitutional behavior	سلوك غير دستوري
Belief	اعتقاد
Belong	يخص
Belongings	ممتلكات
Bench	هيئة المحكمة
Benefactor	مانح
beneficial	نافع
Beneficiary	منتفع
benefit	منفعة
Bet	يراهن
Beware	احترس، انتبه
Bias	يؤثر في، يوجه اتجاها معينا، تحيز
Age bias	التحيز العمري
Arbitrator's bias	تحيزُ محكمٍ
Cultural bias	تحيز ثقافي
Gender bias	تحيز على أساس النوع
Legislative bias	تحيز تشريعي
Managerial bias	تحيز إداري
bid	عطاء، مزايدة
Bidder	مزايد
Bilateral contract	عقد ثنائي، ملزم لطرفيه
bill	مشروع أو مسودة قانون، سند إذني أو كمبيالة
Bill of lading	وثيقة شحن، بوليصة شحن بحري
Blackmail	ابتزاز
Corporate blackmail	ابتزاز مؤسسي، ابتزازي ضمن إطار الشركة
Judicial blackmail	ابتزاز سياسي
Political blackmail	ابتزاز قضائي
Blackmailer	مبتز ابتزازا مقترنا بالتهديد
Blackmailing	ابتزاز تهديدي
blame	ملامة
blank	بياض أو فراغ
blood	دم، قرابة مباشرة
Board	مجلس، هيئة
Appointed board	مجلس معين
Elected board	مجلس منتخب
Fifty fifty board	مجلس خمسيني.
Government appointed board	مجلس معين من قبل الحكومة
Target's board	تعبير يطلق على مجلس إدارة الشركة المستهدفة أو التي ترغب شركة أخرى أن تستحوذ عليها.
Board of directors	مجلس إدارة

Body	**هيئة، شخص، جسم**
Consortium body	لجنة كونسورتيوم. عند تأسيس كونسورتيوم ـ وهو شكل من أشكال شركات المحاصة ـ يتم تقسيمه إلى لجان أبرزها اللجنة التنفيذية واللجنة المالية.
Joint venture body	لجنة شركة محاصة. عند تأسيس شركة محاصة يتم تقسيمها إلى لجان.
Bona fide	**بنية حسنة أو سليمة، حسن النية**
Bond	**[كفعل] سند قرض (شركات)**
	[كاسم] سند دين
Performance bond	سند دين ضمان للأداء. يشيع في مجال عقود المقاولات أن يطالب رب العمل المقاول بأن يصدر سند دين ضمانا لأدائه مهامه التعاقدية.
Bombardment	**يمطر بالقنابل، قصف**
Sensual bombardment	قصف حواسي. إيذاء حواس الغير إيذاء شديدا، وهو ما يعد شكلا من أشكال التعدي المجرم. ومن أمثلته القصف الذي يتم من خلال المواقع الإباحية التي تضر بحواس المشاهد وحالته الشهورية إضرارا شديدا ومركزا وكثيفا.
Borrow	**يقترض، يستدين**
borrower	**مقترض، مستعير**
boundary	**حد، تخم**
Boycott	**يقاطع، مقاطعة**
branch	**فرع**
Brand	**علامة**
Breach	**نكث، خرق عقد**
Breach of agreement	خرق اتفاق
Breach of code of conduct	خرق لميثاق سلوك
Breach of code of ethics	خرق لميثاق شرف
Breach of confidence	خيانة ثقة
Breach of confidentiality	خرق سرية
Breach of constitution	خرق الدستور
Breach of contract	خرق عقد
Breach of corporate governance code	خرق لميثاق الحوكمة المؤسسية
Breach of covenant	خرق تعهدٍ
Breach of duty	خيانة واجب
Breach of essential covenant	خرق تعهد جوهري
Breach of implied covenant	خرق تعهد ضمني
Breach of law	خرق للقانون
Breach of military protocol	خرق لنظام عسكري
Breach of national security	خرق للأمن القومي
Breach of parole	خرق للإفراج المشروط
Breach of peace	تكدير السلام
Breach of privacy	خرق الخصوصية
Breach of promise	نكث الوعد
Breach of protocol	خرق لنظام (لاتفاق)
Breach of secrecy	خرق سرية
Breach of security	خرق الأمن. من أمثلته اختراق نظام حاسبي دون الحصول عل إذن شرعي للوصول للمعلومات، والإفصاح عن معلومات سرية.
Breach of truce	خرق هدنة
Breach of trust	خيانة الأمانة
Breach of warranty	خرق الضمان. إخلال الصانع أو بائع المنتج بالضمان المعطى للمستهلك فيما يتصل بسلامة المنتج.
Flagrant breach	خرق فاضح
Marginal breach	خرق هامشي
Material breach	خرق مادي
Non material breach	خرق غير مادي
Regulatory breach	خرق للأنظمة
Substantial breach	خرق جوهري
Unintentional breach	خرق غير مقصود
Break	**يحطم، يخالف، ينتهك**
Breaker	**مخالف، منتهك**
Habitual law breaker	منتهك للقانون على نحو اعتيادي
Law breaker	منتهك القانون
Breaking	**مخالفة، القيام بالمخالفة، انتهاك**
Breaking a promise	مخالفةُ وعدٍ
Breaking the law	خرق القانون، انتهاك القانون
Unintentional breaking of the law	خرق غير مقصود للقانون
Willful breaking of the law	خرق إرادي للقانون

Bribe	**يرشو، رشوة**
briber	**مقدم الرشوة**
Bribery	**رشوة**
brief	**خلاصة، موجز لقضية أو دعوى**
Bring	**يحضر، يجلب**
broker	**سمسار**
brokerage	**سمسرة**
Bubble	**فقاعة**
Confidentiality bubble	فقاعة سرية. يتم عقد صفقات الاستحواذ والدمج الكبرى داخل فقاعة سرية بناء على إبرام اتفاق سرية، وخطورة تسرب معلومات الصفقة.
Budget	**ميزانية**
Arbitration budget	موازنة التحكيم
Litigation budget	موازنة التقاضي
Budgeting	**تحديد موازنة**
Judicial budgeting	تحديد موازنة قضائية
Legal budgeting	تحديد موازنة قانونية
bulk	**كوم، جذاف**
bulletin	**نشرة**
Bully	**يضايق**
Bullying	**مضايقة**
School bullying	مضايقة بالمدرسة
Virtual bullying	مضايقة افتراضية
Workplace bullying	مضايقة بمقر العمل
Bullyer	**مضايق**
Burden	**عبء، واجب قانوني**
Burden of proof	**عبء الإثبات**
bureau	**مكتب، دائرة رسمية**
Bureaucracy	**بيروقراطية**
Judicial bureaucracy	بيروقراطية قضائية
Bureaucrat	**بيروقراطي**
Burglary	**السطو على المنازل**
Armed burglary	سطو مسلح
Commercial burglary	سطو تجاري
Intellectual burglary	سطو فكري
Burn	**يحرق**
Business	**عمل، مصلحة**
Business name	اسم تجاري
Family owned business	عمل تجاري مملوك لعائلة
Illegitimate business	عمل تجاري غير مشروع
Women owned business	عمل تجاري مملوك لنساء
buy	**يشتري**
buyer	**مشترِ**
Buying	**شراء**
Corporate vote buying	شراء الأصوات بالمؤسسات
Vote buying	شراء الأصوات
Buy out	**تعبير يطلق على شراء حصة مع السيطرة. شراء حصة بشركة يتضمن السيطرة على دفتها.**
Leveraged buyout	تعبير يطلق على قيام مستثمر بشراء حصة مسيطرة بشركة مع كون قسط كبير من سعر الشراء مغطى بقرض.
Management buyout	تعبير يطلق على قيام إدارة الشركة القائمة بشراء حصة مسيطرة بالشركة.
By-laws	**أنظمة إدارية لشركات**
By operation of law	**بقوة القانون**
By virtue of	**استناداً إلى، بناءً على**

C

cabinet	**مجلس وزراء**
Call	**مطالبة بدفع، دعوة**
Campaign	**حملة**
Cancel	**يشطب، يلغي، يبطل**
cancellation	**شطب، إلغاء**
Candidate	**مرشح**
Canon	**كنسي**
Canon law	**القانون الكنسي**
Cap	**يحدد سقفا للشئ، حد، سقف**
Legal fees cap	حد الأتعاب القانونية. في كثير من الأحيان يتفق العميل مع المستشار القانوني / المحامي الذي يحدد أتعابه ويرسل إشعارات السداد والفواتير على أساس الساعة على حد للأتعاب لا يتم تجاوزه بغض النظر عما إذا كان العمل قد استغرق وقتا زائد على الوقت الذي يغطيه السقف المحدد.
Capable	**قادر، كفؤ**
capacity	**أهلية**
capital	**رأسمال، عاصمة، مقر كبير**
Capital call	استدعاء رأس المال
Capital punishment	عقوبة الإعدام، القصاص بالموت
Care	**يُعنى بـ يعتني، عناية، رعاية**
Careless	**غير معتن**
Carelessness	**عدم عناية**
Managerial carelessness	عدم عناية إدارية، عدم اعتناء إداري
Willful carelessness	عدم عناية عمدي، عدم اعتناء عمدي
Carriage	**نقل**
Carrier	**حامل، ناقل**
Carry	**ينقل**
Cartel	**تحالف منتجين**
Case	**دعوى، قضية**
Precedential trademark case	قضية علامة تجارية سَبْقِية. قضية علامة تجارية ذات أهمية قانونية وقضائية ومبدئية جعلتها فتم عَدُّها سابقة يُقاس عليها وربما يلتزم بها وربما يُستأنس بها.
Case law	**مجموعة السابقات القانونية**
Casting vote	**صوت الترجيح**
Category	**فئة**
Causation	**سببية، علاقة سببية**
Cause	**سبب، دافع**
Auxiliary cause	سبب ثانوي
Cause of action	سبب دعوى
Cause of death	سبب الوفاة
Cause of delay	سبب التأخير
Direct cause of death	سبب الوفاة المباشر
Distant cause	سبب بعيد
Good cause	سبب جيد، داع جيد
Indirect cause	سبب غير مباشر
Reasonable cause	سبب معقول
Reasonable cause to believe	سبب معقول لتصديق أمر
Remote cause	سبب بعيد
Unavoidable cause of delay	سبب للتأخير لا يمكن تجنبه
Caveat	**فليحذر**
Caveat emptor	**فليحترس المشتري**
Centre	**يضع الشيء في المركز، مركز، مركز علمي**
Arbitration centre	مركز تحكيم
Cairo Regional Centre for International Commercial Arbitration	مركز القاهرة الإقليمي للتحكيم التجاري الدولي
Certainty	**يقين**
Certificate	**شهادة**
Certificate of incorporation	**عقد تأسيس شركة**
Certification	**تصديق**
Certified	**مصدق، معتمد**
Cessation	**توقف، امتناع**
Chairman	**رئيس مجلس إدارة شركة**
Challenge	**طعن قضائي**

Challengeability	**قابلية الشئ للتحدي**
Decision's Challengeability	قابلية القرار للتحدي
Challenging the judge	**رد القاضي. قيام أحد طرفي الدعوى بالمطالبة باستبدال القاضي الذي ينظر الدعوى.**
Challenging the arbitrators	**رد المحكمين. قيام أحد طرفي التحكيم بالمطالبة باستبدال القاضي الذي ينظر الدعوى.**
Chamber	**غرفة، مجلس، قاعة**
International Chamber of Commerce	غرفة التجارة الدولية
Stockholm Chamber of Commerce Arbitration	غرفة ستوكهولم للتحكيم التجاري
Chancellor	**مستشار**
Change	**يغير، تغيير**
Legal change	التغيير القانوني
Legal cultural change	تغير الثقافة القانوني
Change of circumstances	**تغير الظروف**
Change of franchise territory	**تغير الإقليم الذي يتم تنفيذ الامتياز فيه**
Change of legal status	**تغير المركز القانوني**
Change of seat of arbitration	**تغير مكان التحكيم**
Change of territory	**تغير الإقليم، تغير مكان تنفيذ الالتزام**
Change of title	**تغير سند الملكية، تغير اللقب**
Character	**فئة، نوع**
Characterize	**يكيف قانوناً**
characterization	**التكيف القانون**
Charge	**يتهم، يتقاضي، تهمة**
Charges	**مصاريف أو نفقات**
Civil charge	**تهمة مدنية**
Criminal charge	**تهمة جنائية**
Murder charge	**تهمة القتل**
Charged	**متهم**
Charged with a criminal offence	متهم بتعدٍ جنائي
Charged with robbery	متهم بالسرقة
Unfounded charge	تهمة بلا سند
Charges	**تهم**
Pressed charges	تهم موجهة
Unpressed charges	تهم غير موجهة
Charitable	**خيري، إحساني**
Charity	**صدقة، إحسان**
Charter	**ميثاق، صك، عقد، شرعة**
Charter of Fundamental Rights of the European Union	**ميثاق الحقوق الأساسية للاتحاد الأوروبي**
Charters	**مواثيق**
Company's charters	مواثيق الشركة، شرائع الشركة. أوراق الشركة التأسيسية.
Chattel	**منقولات**
Cheat	**يغش**
Check	**يفحص، شيك**
Checklist	**قائمة الخطوات الواجب القيام بها لأداء مهمة**
Deal closing checklist	قائمة الخطوات الواجب القيام بها لإتمام إبرام صفقة
Due diligence checklist	قائمة الخطوات الواجب القيام بها لأداء مراجعة واجبة
Legal audit checklist	قائمة الخطوات الواجب القيام بها لأداء تدقيق قانوني
Legal due diligence checklist	قائمة الخطوات الواجب القيام بها لأداء مراجعة واجبة قانونية
Cheque	**صك، شيك**
Choice	**اختيار**
Choice of seat of arbitration	**اختيار مكان التحكيم**
Choice of law	**اختيار القانون**
Circa	**تقريباً**
Circuit	**دائرة قضائية**
Circular	**تعميم**
circulation	**تداول**
Circumstance	**ظرف**
Circumstances	**ظروف**
Attendant circumstances	الظروف الحاضرة. الأوضاع الواقعية المحيطة بالحدث، وهو ما يعد أحد العناصر التي يجري تقييمها عند النظر في توافر جريمة بجانب عناصر أخرى مثل الفعل المذنب والذهن المذنب.
Circumvention	**التفاف**

Computer system circumvention	التفاف حول نظام حاسبي
Citation	**اقتباس**
Citizen	**مواطن**
Citizenship	**مواطنة**
Global citizenship	مواطنة عالمية
Internet citizenship	مواطنة الشبكة البينية
World citizenship	مواطنة عالمية
Civil	**مدني**
Civil law	**قانون مدني**
Civil liability	**مسؤولية مدنية**
Civil war	**حرب أهلية**
Claim	**[كاسم] ادعاء، مطالبة** **[كفعل] يدعي، يطالب**
Negligence compensation claim	دعاوى للمطالبة بالتعويض الناجم عن الإهمال
Claimant	**مدعي**
Closing	**إغلاق، إنهاء**
Deal closing	إغلاق الصفقة
Chamber	**غرفة**
International Chamber of Commerce	غرفة التجارة الدولية. منظمة عالمية غرضها تعزيز التجارة الدولية وتسهيل إجراءاتها.
Claimant	**مدع**
Multiple claimants	مدعون كُثُر
Class action	**دعوى جماعية**
Clause	**بند، فقرة**
Anti-bribery clause	البند الخاص بمواجهة الرشوة. بند تعاقدي ينطوي على تعهد بعدم تقديم أي رشوة خلال تنفيذ العقد أو فيما يتصل به.
Anti-corruption clause	البند الخاص الامتناع عن الفساد. بند تعاقدي ينطوي على تعهد بعدم القيام بأي ممارسات إفساد خلال تنفيذ العقد أو فيما يتصل به.
Anti-dilution clause	بند عدم الإضعاف. بند تعاقدي يحمي المستثمر من أي إضعاف ناتج عن أي إصدار لاحق للأسهم بسعر أشد انخفاضا من السعر الذي اشترى به المستثمر.
Appointment clause	بند التعيين. بند تعاقدي ينص على قيام طرف بتعيين طرف آخر كوكيل أو موزع حصري أو مستشار أو غير ذلك.
Approvals and consents clause	البند الخاص بالموافقات والتصريحات. بند تعاقدي يبين أن كلا من الطرفين قد استوفى الموافقات والتصريحات اللازمة لكي يبرم العقد ويكون إبرامه له صحيحا.
Arbitration clause	بند التحكيم. بند تعاقدي ينظم لجوء أطراف العقد إلى التحكيم بحسبانه وسيلة لحل أي نزاع قد يتمخض عن تنفيذ العقد أو يتصل بأي بند من بنوده. يشار له بشرط التحكيم ومشارطة التحكيم.
Benefits of the Agreement Clause	البند الخاص بفائدة العقد. بند تعاقدي يحدد الجهات التي يكون للعقد أثر في مواجهتها.
Choice of law clause	بند اختيار القانون. بند تعاقدي يبين القانون الذي سيتم الاحتكام إليه في حالة حصول نزاع.
Complete agreement clause	البند الخاص بكاملية الاتفاق. بند تعاقدي نمطي ينص على أن الاتفاق الذي ينظمه العقد اتفاقا كاملا وأنه لا توجد عقود أو اتفاقات أو تفاهمات شفهية أم مكتوبة أخرى بجانب الاتفاق الذي يرد البند المذكور فيه.
Confidential information clause	البند الخاص بسرية المعلومات.
Counterparts clause	بند نسخ الاتفاق. بند تعاقدي يبين عدد النسخ التي تم أو سيتم تحرير العقد فيها.
Definitions clause	بند التعريفات. بند تعاقدي يتضمن تعريف المصطلحات المهمة التي يحويها العقد.
Dispute resolution clause	بند حل المنازعات. بند تعاقدي يحدد وسيلة حل النزاعات التي يمكن أن تنشأ عن العقد أو تنفيذه.

Due Diligence clause	بند المراجعة الواجبة. بند تعاقدي يبين أن المتعاقد قد قام بالمراجعة الواجبة والفحص الواجب النافيين للجهالة.
Entire agreement clause	البند الخاص بكاملية الاتفاق. بند تعاقدي يبين أن العقد اتفاق كامل وأنه لا توجد عقود أو اتفاقات أو تفاهمات شفهية أم مكتوبة أخرى بجانب الاتفاق الذي يرد البند المذكور فيه. بند الكلية والتعديل. بند تعاقدي مفاده أن العقد الماثل يعبر عن كامل الاتفاق المبرم بين الطرفين،
Entirety and modification clause	بند الكلية والتعديل. بند تعاقدي مفاده أن العقد الماثل يعبر عن كامل الاتفاق المبرم بين الطرفين، وأن أية تعديلات لاحقة على العقد لن تكون نافذة إلا إذا كانت بموافقة الطرفين ومكتوبة.
Entry into force clause	بند الدخول في حيز التنفيذ. بند تعاقدي نمطي ينظم موعد دخول العقد في مرحلة التنفيذ واستحالته ذا فعالية.
Exclusivity clause	بند الحصرية. بند تعاقدي يبين أن الطرف المسند له بالعقد ـ يتمتع بحق الحصرية فيما هو مسند إليه، وأنه لا يحق للطرف المسند الإسناد للغير.
Expenses clause	بند النفقات. بند تعاقدي يبين طريقة تحمل النفقات الناشئة عن تنفيذ العقد.
Force majeure clause	بند القوة القاهرة. بند تعاقدي يبين كيفية التعامل في حالة حصول حدث من أحداث القوة القاهرة. أ
Governing law clause	بند القانون الحاكم. بند تعاقدي يحدد القانون الذي يحكم العقد وتفسير بنوده، وربما الذي يحكم التحكيم وإجراءاته.
Headings clause	البند الخاص بالعناوين. بند تعاقدي يبين أن عناوين بنود العقد واردة لمجرد التوضيح.
Independent contractors clause	البند الخاص باستقلال المتعاقدين. بند تعاقدي يبين أن كلا من المتعاقدين مستقل عن الآخر وأن الاتفاق لا يعني نشوء علاقة وظيفية أو علاقة شركة محاصة بين الطرفين.
Indiminfication and hold harmless clause	بند عدم تحميل المسئولية. بند تعاقدي يبين تحمل طرف المسئولية بالنيابة عن الطرف الآخر في حالة نشوء مطالبات قانونية أو ما إذا ذلك من قبل الغير في مواجهته نتيجة إخلال الطرف الأول وفق شروط معينة.
Informed contractors clause	البند الخاص بإحاطة المتعاقدين. بند تعاقدي يبين أن كلا من المتعاقدين قد استوفى وحصل على المعلومات اللازمة لجعله على دراية بالاتفاق ومستلزماته.
Limitation of liability clause	بند تحديد المسئولية. بند يقرر حدود التعويضات التي يجوز لطرف الحصول عليها من طرف آخر في حالة حصول خلل من جانبه مثل الخلل الناتج عن وجود عطل في البرنامج الحاسبي المبيع.
Limitations of Contractual Liability clause	البند الخاص بحدود المسئولية التعاقدية. بند تعاقدي يبين حدود المسئولية التعاقدية التي يتوجب تحملها في حالة الإخلال.
Method of payment clause	البند الخاص بطريقة السداد. بند تعاقدي يبين كيفية سداد سعر العقد.
Multi-party arbitration clause	البند الخاص بكون التحكيم متعدد الأطراف. بند تعاقدي ينظم سير التحكيم عند وجود أكثر من طرفين.
No broker clause	البند الخاص بعدم وجود وسطاء. بند تعاقدي يبين عدم اعتماد الطرفين في إبرام العقد وتنفيذه على وسطاء.

No commission clause	البند الخاص بعدم وجود عمولات. بند تعاقدي يبين عدم قيام الطرفين بسداد عمولات فيما يتصل بإبرام العقد وتنفيذه.
No Third-Party Beneficiaries clause	البند الخاص بعدم وجود مستفيدين من الغير. بند تعاقدي يبين أن العقد لا يمنح أي حقوق للغير ولا ينطوي على منح مركز قانوني معين للغير.
Non hire clause	البند الخاص بعدم الاستئجار. بند تعاقدي يتضمن الالتزام بعدم تعيين موظفين تابعين لأحد المتعاقدين.
Non-competition clause	البند الخاص بعدم التنافس. بند تعاقدي يرد في عقود تعيين الموزعين والمسوقين يتضمن الالتزام بعدم المنافسة إذ يلتزم الأصيل بعدم منافسة الوكيل في عمله.
Non-solicitation clause	البند الخاص بعدم الاستقطاب. بند تعاقدي يتضمن الالتزام بعدم السعي لاجتذاب موظفين تابعين لأحد المتعاقدين.
Notices clause	البند الخاص بالإخطارات. بند تعاقدي يبين آلية تبادل الإخطارات والإشعارات والإعلانات الرسمية وغير الرسمية بين طرفي العقد.
Order of document clause	بند مرتبة المستندات. بند تعاقدي يبين - في حالة وجود عقود مكملة للعقد المعني - مرتبة قوة المستندات والعقود في مواجهة بعضها البعض لاسيما إذا ما حصل تناقض بين بنود واردة في أحد العقود وبنود واردة في عقد آخر. ويكثر ورود هذا البند في عقود المقاولات.
Plural and singular clause	البند الخاص بالجمع والمفرد. بند تعاقدي يبين أن صيغ المفرد والجمع المعتمدة بالعقد يتوجب أن يفهم منها أن المفرد يعني الجمع والعكس إلا إذا تم النص على غير ذلك صراحة.
Representations and warranties clause	البند الخاص بالتعهدات والإقرارات.
Settlement of dispute clause	بند تسوية المنازعات. بند تعاقدي يتضمن تحديد وسيلة تسوية النزاعات التي يمكن أن تنشأ عن العقد أو تنفيذه.
Severability clause	البند الخاص بقابلية بقية بنود العقد للبقاء سارية. بند تعاقدي يبين أنه في حالة ثبوت انعدام أثر بند من بنود العقد فإن بقية بنوده تظل سارية.
Supremacy clause	بند السمو، بند العلو. بند تعاقدي يبين درجات المستندات وأيها يكون أعلى من الآخر في حالة التناقض.
Survival clause	البند الخاص ببقاء بعض الالتزامات.
Survival upon termination clause	البند الخاص ببقاء بعض الالتزامات بعد الإنهاء.
Time is of the essence clause	البند الخاص بكون الوقت أمراً جوهرياً. بند تعاقدي تتضمنه معظم العقود الصناعية يبين أن التزام طرف بالمدة المقررة لتنفيذ التزامه ضروري من أجل أن يقوم الطرف الآخر بالتزام مقابل.
Violation of third parties' rights clause	البند الخاص بانتهاك حقوق الغير. بند تعاقدي يبين أن أطراف العقد بإبرامهم العقد لا يقصدون انتهاك حقوق الغير.
Clean	**غير متحفظ عليه**
Clearance	**تخليص، مقاصة**
Clerk	**كاتب**
Client	**موكل**
Code	**مدونة قانونية، مجموعة قوانين**
Code of conduct	**ميثاق سلوك**
Code of ethics	**ميثاق أخلاقي**
Arbitration code of ethics	ميثاق أخلاقي بشأن التحكيم
Arbitrators code of ethics	ميثاق المحكمين الأخلاقي
Civil code	القانون المدني
Code of judicial conduct	ميثاق سلوك قضائي

Code of legal conduct	ميثاق سلوك قانوني
Criminal code	القانون الجنائي
Napoleonic code	شرعة نابليون
Codification	**تقنين، تدوين**
Codify	**يقنن، يصب التشريع ضمن قالب قانون**
Coerce	**يقهر**
Coerced	**مُكرَه**
Coercer	**مُكرِه**
Coercion	**إكراه**
Economic Coercion	إكراه اقتصادي
Physical Coercion	إكراه جسدي (مادي)
Psychological coercion	إكراه نفسي
Coercive	**إرغامي، قهري**
Coexistence	**تعايش، وجود مشترك**
Cogent	**دامغ**
Collateral	**فرعي، ملازم، ضمان**
Collective	**جماعي**
Comment	**تعليق، ملاحظة**
Commerce	**تجارة**
Commercial	**تجاري**
Commercial agent	**عامل تجاري**
Commercial law	**قانون تجاري**
Commercial paper	**أوراق تجارية**
Commission	**تفويض، لجنة، انتداب، سمسرة، ارتكاب (فعل أو جرم)**
Commission agent	**وكيل عمولة**
Commissioner	**مأمور، مفوض**
Commit	**يرتكب**
Commitment	**التزام**
Legal commitment	التزام قانوني
Commitment to legal compliance	**التزام بالتوافق القانوني**
Committee	**لجنة**
Common	**مشاع، مألوف، مشهور**
Common law	**القانون العام، قانون انكلترا**
Communicate	**يُبلغ، يُعلِم**
Community	**جماعة، مجتمع**
Company	**شركة**
Acquired company	شركة مستحوذ عليها
Acquiree company	شركة مستحوذ عليها
Acquiring company	شركة مستحوذة
Affiliated company	شركة مرتبطة
Agent-owned company	شركة مملوكة للوكيل
Asset-intensive company	شركة كثيرة الأصول
Bought out company	شركة مشتراة شراء إخراجيا
Direct sales company	شركة بيع مباشر
Dormant company	شركة نائمة
Employee-owned company	شركة تُتملك من قبل الموظفين
Fictional company	شركة وهمية
Franchise company	شركة مانحة لامتيازات
Global company	شركة عالمية
Going concern company	تعبير يطلق على الشركة التي لديها مقومات الاستمرار
Government-owned company	شركة مملوكة للحكومة
Holding company	شركة قابضة
International company	شركة دولية
Joint stock company	شركة مساهمة
Licensing company	شركة مرخصة
Limited liability company	شركة ذات مسئولية محدودة
Listed company	شركة مدرجة
Litigious company	شركة كثيرة اللجوء إلى التقاضي
Money laundering company	شركة غسيل أموال
Multinational company	شركة متعددة الجنسية
National company	شركة وطنية
Non going concern company	تعبير يطلق على الشركة التي ليس لديها مقومات الاستمرار
Orphan company	شركة يتيمة
Patent-based company	شركة مرتكزة على البراءات
Privately held company	شركة خاصة
Publicly traded company	شركة يتاجر بأسهمها متاجرة عامة
Sister company	شركة شقيقة
Special purpose company	شركة ذات غاية خاصة
Subsidiary company	شركة تابعة. شركة نصف أسهمها مملوكة لشركة أخرى.
Swallowed company	شركة مبتلعة
Trading company	شركة متاجرة

Unlisted company	شركة غير مدرجة
Virtualized company	شركة تم جعلها افتراضية
Compel	**يجبر، يرغم**
Compensation	**تعويض**
Competence	**صلاحية**
Competent	**ذو صلاحية**
Competition	**منافسة**
Complaint	**شكوى**
Compliance	**توافق**
Corporate compliance	توافق مؤسساتي
Legal compliance	توافق قانوني
Sharia compliance	توافق شرعي
Comply	**يراعي**
Compose	**يؤلف، يلحن، يشكل**
Composition	**صلح واق من الإفلاس**
Composition of Arbitral tribunal	**تأليف هيئة التحكيم**
Board composition	تأليف هيئة التحكيم
Board of directors composition	تأليف مجلس الإدارة
Jury composition	تأليف هيئة المحلفين
Compound interest	**فائدة مركبة**
Compulsion	**إكراه**
Compulsory	**إجباري**
Conceal	**يخفي، يكتم**
Concealer	**مُخف**
Concealment	**إخفاء، كتمان**
Concealment of fraud	إخفاء التحايل
Concealment of income	إخفاء الدخل
Concealment of revenue	إخفاء العائد
Knowing concealment of conflict of interest	إخفاء مقصود لتنازع المصالح
Concern	**يَهُم، يقلق، يتعلق بـ يتورط، تخوف**
Going concern	تعبير يطلق على الشركة التي لديها مقومات الاستمرار كشركة
Non going concern	تعبير يطلق على الشركة التي ليس لديها مقومات الاستمرار
Concerns	**هموم، أوجه قلق**
Legal concerns	أوجه قلق قانونية
concession	**امتياز، تصريح**
Consilia	**رأي قانوني**
Conciliate	**يسوي**
Conciliation	**مصالحة**
Ad hoc conciliation	تسوية خاصة
Independent conciliation	تسوية مستقلة
Institutional conciliation	تسوية مؤسسية
Multi-institutional conciliation	تسوية تتم من خلال أكثر من مؤسسة
Conciliator	**مسو**
Conciliatory	**تسووي متعلق بتسوية**
Conclude	**يستنتج، يبرم (معاهدة أو اتفاقية)**
Conclusion	**استنتاج، إبرام معاهدة**
Conclusive	**قاطع، حاسم**
Condemn	**يدين**
Condemnation	**إدانة**
Condition	**شرط، حال، مرتبة**
Conditional	**مشروط**
Condition	**يشترط، يضع شرطا، يهيء، شرط، حالة، وضع**
Conditions	**شروط، حالات، أوضاع**
Conditions precedent	**شروط مسبقة. خطوات لابد من استيفائها من أجل القيام بخطوة تعاقدية رئيسية، ويبرز التطبيق الأبرز لهذا المفهوم في مجال عقود التمويل والقروض البنكية إذ لابد أن تقوم الشركة الممولة المقترضة بعدد من الخطوات المسبقة التي تتضمن ـ ربما ـ القيام بإجراء رهن أو تعهد بالسداد لصالح البنك وتوفير مستندات مطلوبة من أجل أن يقوم البنك بتحويل مبلغ القرض.**
Conduct	**يتصرف، تصرف**
Business conduct	مسلك تجاري
Careless conduct	مسلك متسم بعدم العناية
Ethical business conduct	سلوك تجاري أخلاقي
Judicial conduct	سلوك قضائي
Legal conduct	سلوك قانوني
Legislative conduct	سلوك تشريعي. طريقة المشرعين في التشريع.
Off-duty conduct	السلوك خارج إطار العمل

Unreasonably Careless conduct	مسلك متسم بعدم العناية على نحو يجاوز الحد المعقول.
Workplace conduct	السلوك في مكان العمل
Confer	**يمنح، ينعم (على)**
Confess	**يعترف**
Confession	**اعتراف**
Confession under torture	اعتراف تحت التعذيب
Coerced confession	اعتراف قسري
False confession	اعتراف باطل
Forced confession	اعتراف بالإكراه
Confidence	**ثقة، أمان**
Strictest confidence	سرية تامة
Confidential	**سري**
Confidentiality	**سرية**
Confidentiality of arbitral proceedings	سرية إجراءات التحكيم
Confidentiality of investigations	سرية التحقيقات
Confidentiality of jury deliberation	سرية مشاورات المحلفين
Confidentiality of lawyer client communications	سرية اتصالات المحامي بالعميل
Confidentiality of patient's records	سرية سجلات المرضى
Confidentiality of police records	سرية سجلات الشرطة
Confidentiality of prisoner's medication	سرية علاج السجين
Confidentiality of proceedings	سرية الإجراءات
Confidentiality of records	سرية السجلات
Confidentiality of settlement	سرية التسوية
Doctor-patient confidentiality	سرية العلاقة بين الطبيب والمريض
Confirm	**يؤكد**
Confirmation	**توكيد**
Confiscate	**يصادر**
Confiscation	**مصادرة**
Conflict	**ينازع، تنازع، نزاع**
Conflict of interest	**تنازع مصالح، تضارب مصالح**
Arbitrator's potential conflict of interest	تنازع المصالح المحتمل الذي قد يواجه المحكم
Conflict of commitment	تنازع التزامات
Conflict of laws	تنازع القوانين
Manager's potential conflict of interest	تنازع المصالح المحتمل الذي قد يواجه المدير
Potential conflict of interest	تنازع مصالح محتمل
Conform	**يطابق، يضاهي**
Confrontation	**مضاهاة**
Confusion	**اختلاط**
Conscious	**واع**
Consciousness	**وعي**
Global consciousness	وعي عالمي
Consent	**إرادة**
Express consent	موافقة صريحة
Freely-given consent	موافقة صادرة بحرية
Implied consent	موافقة ضمنية
Tacit consent	موافقة ضمنية
Unreasonably withheld consent	موافقة محجوبة على نحو مناهض للمعقولية
Withheld consent	موافقة محجوبة
Conserve	**يحافظ على**
Conservatism	**المحافظة**
Legal conservatism	مُحافظةٌ قانونية
Conservative	**متحفظ، محافظ**
Consider	**يتدبر، ينظر في أمر**
Considerate	**مراعٍ لـ**
Consideration	**عوض، مقابل وفاء**
Consign	**يودع**
Consignee	**مرسل إليه**
Consignment	**شحنة، عرض برسم البيع**
Consignor	**مرسل شحنة**
Consistent	**منسجم، متسق**
Consolidate	**يضم، يوحد**
Consolidated	**مُجمع**
Consolidation	**اتحاد، ضم، تضامن**
Statutory consolidation	تعبير يطلق على عملية دمج يتمخض عنها نشوء شركة جديدة وعدم استمرار الشركتين المندمجتين.
Consortium	**تجمع لا يتمتع بالشخصية المعنوية للتعاون في شأن ما**
Conspire	**يتآمر، يتعاون**
Conspiracy	**تآمر، مؤامرة**

Conspiracy to commit commercial burglary تآمر لارتكاب سطو تجاري
Conspiracy to commit murder تآمر لارتكاب جريمة قتل
Conspiracy to defraud تآمر لأخذ ملك الغير غشا
Conspiracy to destabilize the banking system تآمر لإفقاد النظام المصرفي توازنه
Conspiracy to falsify accounts تآمر لتزييف الحسابات
Conspiracy to inflate earnings تآمر لتضخيم الكسب
Conspiracy to inflate revenue تآمر لتضخيم الدخل
Conspiracy to manipulate company's stock price تآمر للتلاعب في أسعار أسهم الشركة
Conspirator **متآمر**
Constituency **دائرة انتخابية**
Constituent **موكل**
Constitute **يعين، ينصب**
Constitution **دستور، قانون أساسي**
Company's constitution دستور الشركة. أوراق الشركة التأسيسية وعقودها العليا المنظمة لعملها.
Failed constitution دستور فاشل
Provisional constitution دستور مؤقت
Unwritten constitution دستور غير مكتوب
Written constitution دستور مكتوب
Constitutional **دستوري**
Constitutional law **قانون دستوري**
Constitutionalism **الدستورية**
Global constitutionalism الدستورية العالمية. حقل معرفي علمي بحثي حديث الظهور يتناول الجهد الذي يتوخى تأسيس مرجعية ميثاقية عالمية.
Constitutionalist **توجه سياسي قانوني مفاده تأسيس العمل على الدستور والانطلاق من قواعده وأسسه الرئيسية.**
Constitutionality **دستورية، مطابقة للدستور**
Constitutionalization **جعل النظام دستوريا**
Constitutionalize **يجعل النظام دستوريا**
Constitutions **دساتير**
Construct **يبني، يستنتج**
Construction **استنتاج، تحليل، استنباط**
Strict construction تفسير ضيق
Strict constructionism تفسيرية ضيقة. توجه في النظام القانوني الأمريكي ينادي بالالتزام بتفسير القانون وفق النية الأصلية لصائغيه.
Construe **يفسر، يؤول**
Consul **قنصل**
Consulate **قنصلية**
Consultant **استشاري**
Compliance consultant استشارة توافق
Legal consultant استشاري قانوني
Consultative **استشاري**
Consume **يستهلك**
Consumer **مستهلك**
Contemplate **يتدبر، يعتبر**
Contemplation **تدبر، توقع، تفكير**
Contempt **تحقير، احتقار**
Contempt of court **تحقير المحكمة**
Contempt of religions **تحقير الأديان**
Contend **يحتج بـ يقول بـ يجادل**
Contender **صاحب حجة، صاحب موقف**
Contents **محتويات**
Defamatory content محتوى قذفي. محتوى مشوه للسمعة
Libelous content محتوى تشهيري
Obscene web content محتوى شبكي بذيء
Unlawful web content محتوى شبكي غير قانوني
Contest **يعارض**
Contestability **قابلية الشيء لأن يكون محلا للتحدي والمعارضة**
Contestability of court decision قابلية قرار المحكمة للتحدي والمعارضة
Judgment contestability إمكانية تحدي الحكم
Contestable **قابل للتحدي، قابل للمعارضة**
Contestant **معترض**
Contestation **تحد، معارضة**
Context **السياق**
Continental **قاري، أوروبي**
Continental shelf **الجرف القاري**
Contingent **احتمالي، ظرفي**

Contraband **مهربات**
Contract **[كفعل] يعقد**
[كاسم] عقد، اتفاق
Contract of sale عقد بيع
Cost Reimbursement Contract عقد يقوم على سداد الكلفة
Electronic contract عقد إلكتروني
Fixed Price Contract عقد ثابت السعر
Government contract عقد حكومي
Time and Materials Contract عقد تبرمه الحكومة مع مقاول مستقل تقوم بموجبه بسداد الكلفة التي يتكبدها، كما تحتسب أتعابه على أساس عدد الساعات التي استغرقها العمل.
Verbal contract عقد شفهي
Written contract عقد مكتوب
Contractor **متعاقد**
Independent contractor متعاقد مستقل
contractual **تعاقدي**
Contradict **يناقض، يغاير**
Contradiction **تناقض**
Contrary **ضد، مضاد، مخالف**
Contravene **يخالف**
Contravention **مخالفة**
Contribute **يتبرع**
Contribution **تبرع**
Capital contribution الإسهام في رأس المال
Joint-venturer's contribution إسهام الشريك بشركة المحاصة
Control **يضبط، يراقب**
Budgetary control الرقابة على الموازنة
Mind control السيطرة على الذهن
Criminal mind control سيطرة إجرامية على الذهن
Controversy **موضوع نزاع**
Convene **يدعو، يستدعي لحضور**
Convenient **مناسب، ملائم**
Convention **اتفاقية دولية**
Convention on the Recognition and Enforcement of Foreign Arbitral Awards معاهدة الاعتراف بأحكام التحكيم الأجنبية
United Nations Convention against Transnational Organized Crime معاهدة الأمم المتحدة ضد الجريمة المنظمة العابرة للأوطان
Conventional **اتفاقي، تقليدي، عرفي**
Conversion **تحويل، تحوير، إتلاف مال**
Convert **يحول**
Convertible **قابل للتحويل**
Convey **ينقل، يحول**
Convict **يُدين، يجرم**
Convicted **مدان**
Conviction **إدانة**
Convince **يقنع**
Cool blood **دم بارد، ارتكاب الجرم بدم بارد**
Cooling-off period **فترة تُمنَح للمتخاصمين للصلح**
Copy **نسخة، صورة من أصل**
Copyright **حق طبع، حق المؤلف**
Digital copyright حماية بموجب حق نشر رقمي
Copyrighted **مشمول بالحماية بموجب حق النشر**
Corporate **اعتباري، معنوي**
Corporation **هيئة، مؤسسة، شركة**
Correct **يصحح، صحيح**
Correction **تصحيح، تهذيب**
Correction of judgment **تصحيح حكم. قيام القاضي أو المحكم بإجراء تصويبات بإزاء أخطاء مادية وردت بالحكم.**
Correspond **يراسل**
Correspondence **مراسلة، مكاتبة**
Corrupt **يفسد، فاسد**
Corruption **فساد**
Commercial corruption فساد تجاري
Corporate corruption فساد سياسي
Political corruption فساد سياسي
Shareholder corruption فساد المساهمين
Cost **ثمن، سعر**
Council **مجلس، هيئة**
State council مجلس الدولة
Counsel **محام، مستشار**
Corporation counsel مستشار هيئة
External counsel مستشار خارجي
General Counsel مستشار عام
Legal counsel مستشار قانوني

Group legal counsel	مستشار عام للمجموعة
General Legal Counsel	مستشار قانوني عام
Outside counsel	مستشار خارجي
Counseling	إبداء المشورة
Counselor	محام، مستشار
Counsellor	محام، مستشار
Counter	يقابل، مضاد، معاكس
Counter offer	إيجاب (عرض) مقابل
Counterclaim	إدعاء مقابل، دعوى مقابلة،
Counterfeit	يزور
Country	بلد
Civil law country	بلد قانون مدني
Common law country	بلد قانون عام
County	**مقاطعة، ولاية**
County council	**مجلس بلدية**
Course	**مجرى، سياق، مسار إبحار السفن**
Court	**محكمة، بلاط، ديوان**
Court of appeals	**محكمة الاستئناف**
Court of cassation	**محكمة التمييز، رد النقض**
Appellate court	محكمة استئنافية
Constitutional court	محكمة دستورية
Court of cassation	محكة نقض
Court of first instance	محكمة ابتدائية، محكمة بداية (درجة أولى)
Court of second instance	محكمة ثاني درجة
International Court of Justice	محكمة العدل الدولية
Primary court	محكمة ابتدائية
Supreme court	محكمة عليا
Secondary court	محكمة الدرجة الثانية
Courts	**محاكم**
Mixed courts	محاكم مختلطة
Covenant	**ميثاق، اتفاق**
Unenforceable covenant	تعهد غير قابل للإنفاذ
Covenants	**تعهدات**
Non-compete covenants	تعهدات بعدم المنافسة
Cover	**[كفعل] يغطي** **[كاسم] تأمين، ضمان**
Coverage	**غطاء**
Insurance coverage	تغطية تأمينية

Cracker	**محطم**
Cracking	**تحطيم**
Password cracking	تعبير يطلق على تحطيم سرية كلمة السر
Private network cracking	تعبير يطلق على تحطيم سرية شبكة خاصة
Create	**يخلق، ينشئ**
Credentials	**أوراق اعتماد سفير**
Credit	**اعتماد، مكانة، ائتمان مالي**
Creditor	**دائن**
Crew	**طاقم السفينة**
Crime	**جريمة**
Organized crime	جريمة منظمة
White-collar crime	تعبير يطلق على الجريمة التي يرتكبها شخص ذو مكانة رفيعة ضمن إطار عمله
Crimes	**جرائم**
Crimes of aggression	جرائم عدوانية
Crimes against humanity	جرائم ضد الإنسانية
Capital crimes	جرائم كبرى
Plaid-collar crimes	تعبير يطلق على الجريمة التي ترتكب ضد المزارعين مثل سرقة المنتج الزراعي أو سرقة المخزون الزراعي.
Commercial crimes	جرائم تجارية
Computer crimes	جرائم حاسوبية
Conventional crimes	جرائم معهودة
Bias-motivated crimes	جرائم دافعها التحيز
Global crimes	جرائم عالمية
Hate crimes	جرائم كراهية
International crimes	جرائم دولية
Internet crimes	جرائم الشبكة البينية
Organized retail crimes	جرائم منظمة في مجال التجزئة
Intellectual property crimes	جرائم ملكية فكرية
Juvenile crimes	جرائم أحداث
Corporate crimes	جرائم مؤسساتية، جرائم ضمن إطار الشركات
Blue-collar crimes	تعبير يطلق على الجريمة التي يرتكبها شخص ذو وضع متدن اجتماعيا

Political crimes	جرائم سياسية
Public order crimes	جرائم متصلة بالنظام العام
State-corporate crimes	جرائم مؤسساتية دولتية
Outer space crimes	جرائم الفضاء الخارجي
State crimes	جرائم الدولة
Unconventional crimes	جرائم غير معهودة
Under water crimes	جرائم تحت الماء
Victimless crimes	جرائم بلا ضحايا
Virtual crimes	جرائم افتراضية
War crimes	جرائم حرب
Criminal	**مجرم، جنائي**
Criminal act	فعل إجرامي
Criminal intent	قصد جرمي
Criminal law	قانون جنائي
Criminal motive	غاية إجرامية
Global criminal	مجرم عالمي
International criminal	مجرم دولي
Cyber criminal	مجرم في مجال الشبكات المرتبطة حاسبيا
Sadist criminal	مجرم سادي
War criminal	مجرم حرب
Criminate	**يجرم، يدين**
Criminologist	**مختص بعلم الإجرام**
Criminology	**علم الإجرام**
Social criminology	علم الإجرام الاجتماعي
Virtual criminology	علم الإجرام الافتراضي
Criterion	**معيار، مقياس**
Criticism	**نقد**
Crown	**ملكية، تاج**
Culpa	**خطأ**
Culpable	**مسؤول عن خطأ أو فعل ضار**
Culture	**يثقف، يهذب، ثقافة**
Compliance culture	ثقافة التوافق
Corporate culture	ثقافة مؤسسية
Corrupt Corporate culture	ثقافة مؤسسية فاسدة
Culture of corruption	ثقافة الفساد
Culture of transparency	ثقافة شفافية
Legal culture	ثقافة قانونية
Constitutional culture	ثقافة دستورية
Corporate legal culture	ثقافة قانونية مؤسساتية
Company's legal culture	ثقافة الشركة القانونية
Legislative culture	ثقافة تشريعية
Safety culture	ثقافة الأمان
Deficient safety culture	ثقافة أمان غير فعالة
Cumulative	**جامع**
Cure	**يعالج، يصوب**
Curfew	**حظر تجوال**
Military curfew	حظر تجوال عسكري
Current	**جار، حالي**
Current account	**حساب جار**
Custody	**حراسة، رعاية، حجز، توقيف**
Custom	**عرف، عادة**
Custom duties	**رسوم جمركية**
Customary	**عرفي**
Customer	**زبون**
Customs	**جمارك**

D

Damage	**ضرر**
Damage to property	إضرار بالممتلكات
Emotional damage	ضرر عاطفي
Irreparable damage	ضرر لا يمكن جبره
Punitive damage	تعويض جزائي. تعويض يتم تقريره لمعاقبة مرتكب الفعل الضار.
Speculative damage	ضرر تخميني
Damages	**تعويض عن مضار**
Claimed damages	تعويضات مطالب بها، تعويضات مدعاة
Compensatory damages	تعويضات جبرية
Contractual delay damages	تعويضات التأخير في أداء واجب تعاقدي
Data	**بيانات، معلومات**
Date	**يحدد تاريخ، تاريخ، موعد**
Closing date	تاريخ الإقفال
Filing date	تاريخ الإيداع
Issue date	تاريخ الصدور
Signing date	تاريخ التوقيع
Termination date	تاريخ الإنهاء
Entry into force date	تاريخ السريان
Day of maturity	**يوم استحقاق**
Deal	**يعامل، صفقة**
Friendly deal	صفقة سلمية
Hostile deal	صفقة عدوانية. لا يريد أن يشترى، لا يعلم عن الصفقة
Unfriendly deal	صفقة غير ودية
De facto	**فعلي، واقعي، بحكم الواقع**
De jure	**شرعي، قانوني، بحكم القانون**
De minimis	**ضئيل**
De novo	**مجدداً، مرة ثانية**
Deadline	**موعد نهائي**
Deal	**صفقة**
Dealer	**تاجر**
Death	**موت**
Clinical death	موت سريري
Legal death	موت قانوني
Debate	**يناقش**
Capital punishment debate	الجدل بشأن العقوبة العظمى. الجدل المحتدم بين فقهاء القانون والناشطين حول ما إذا كان يتوجب إلغاء عقوبة الإعدام. ويؤسس المطالبون بإلغائها مطالبتهم على أن الإحصائيات ذات الصلة أثبتت أن عددا لا يستهان به ممن نفذ بحقهم حكم الإعدام قد اتضح فيما بعد أنهم بريئون من التهمة ولم يستطيعوا إثبات براءتهم قبل تنفيذ الحكم. أما الرافضون فيؤسسون موقفهم على أن إلغاء العقوبة يحرم أهل الضحية من القصاص وقد يؤدي إلى التشجيع على ارتكاب جرائم القتل.
Abortion debate	الجدل بشأن الإجهاض. الجدل المحتدم بين فقهاء القانون والناشطين حول ما إذا كان يتوجب منح الأم الحامل حق الإجهاض. ويؤسس المناصرون موقفهم على مبدأ الحرية الفردية. أما الرافضون فيؤسسون موقفهم على أن الإجهاض صورة من صور القتل.
Death penalty debate	الجدل بشأن عقوبة الموت
Debenture	**سند دين صادر عن شركة**
Debit note	**إشعار مديونية**
Debt	**دين**
Bad debt	تعبير يطلق على الدين غير القابل للاستيفاء
Convertible debt	دين قابل للتحويل
Exchangeable debt	دين قال للتبادل
Mezzanine debt	دين ميزانين
Second lien debt	دين ذو مرتبة امتياز ثان
Senior debt	دين متقدم
Senior secured debt	دين متقدم مضمون

Debtor **مدين**
decease **موت**
deceased **ميت**
deceit **غش، خداع**
Deceive **يغش، يخدع**
Deception **غش، خداع**
Intentional deception غش عمدي، خداع عمدي
Deceptive **غشي، خداعي، خدعي**
Decide **يقرر**
Deciding **القيام بعملية اتخاذ القرار**
Deciding the case اتخاذ القرار بشأن القضية
Deciding the case on its merit اتخاذ القرار بشأن القضية تأسيسا على جوهرها
Decision **قرار، حكم**
Arbitral decision قرار تحكيمي
Contestable decision قرار يمكن تحديه ومعارضته
Indictment decision قرار اتهامي. القرار الصادر من جهة الاتهام باتهام شخص ما بالقيام بعمل مجرم.
Interim decision قرار وقتي
Final court decision قرار محكمة نهائي
Non-precedential decision قرار لا يُعد سابقة. قرار قضائي ليس له قيمة السوابق التي يُقاس عليها أو يُلتزم بها أو يُستأنس بها.
Unanimous decision قرار إجماعي
Declarant **مقر، معلن**
Declaration **تصريح**
Declaration of independence إعلان استقلال
Declaration of intention إعلان نية
Declaration of war إعلان حرب
Declaratory **إقراري**
Declare **يعلن**
Decline **يرفض**
Decree **مرسوم، قرار**
Decriminalize **يزيل التجريم**
Decriminalization **إزالة التجريم**
deduce **يستنتج**
Deduct **يطرح، يستنزل**
Deduction **استنزال**
Deed **سند مكتوب**

Deem **يعتبر**
Defamation **تشهير**
Criminal defamation تشويه سمعة إجرامي
Defamatory **تشهيري**
Defamatory per se **تشهيري في حد ذاته**
Default **يقصر، اهمال**
Non monetary default إخلال غير مالي
Monetary default إخلال مالي
Defeat **يغلب على**
Defect **عيب**
Defect of form **عيب شكلي**
Defect of substance **عيب موضوعي**
Defective **معيب**
defence **دفاع**
Defend **يدافع**
Defendant **مُدعى عليه**
Defense **دفاع**
Affirmative defense دفاع تأكيدي
Alibi defense دفاع قائم على الغياب عن مسرح الجريمة أثناء حصولها.
Fair use defense دفاع قائم على الاستخدام المنصف
Hostile take-over defense دفاع ضد الاستيلاء العدواني. قيام مساهمين بشركة تتعرض لمحاولة استحواذ عدواني عليها و/أو إدارتها بالدفاع عن الشركة لمنع حصول الاستحواذ العدواني.
Lack of capacity defense دفاع قائم على انعدام الأهلية
Procedural defense دفاع إجرائي. دفاع يدفع به المتهم بعدم وجوب إسناد الاتهام إليه بناء على الخطأ في الإجراءات، وهو دفاع لا يتصل بمسألة ارتكاب الذنب وما إذا كان المتهم قد ارتكب الجرم فعلا أم لا. ومن أمثلة الدفوع الإجرائية الدفع بالحرمان من الحق في محاكمة عاجلة.
Defer **يؤجل**
deferred **مؤجل**
Define **يعرف، يحدد**
Definite **محدد، معين**
Definition **تعريف**

Definitive	**قطعي**
Defraud	**أخذ ملك الغير بواسطة الغش**
Degree	**درجة، مستوى**
Degree of insanity	درجة الجنون. درجة الجنون الذي اعترى شخصا فقاده لارتكاب جريمة، وعادة ما يتم اللجوء إلى خبير قضائي لتحديد درجة الجنون.
Law degree	درجة علمية في القانون، إجازة في القانون
De jure	**قانوني**
Delay	**يؤخر**
Permissible delay	تأخير مسموح به. تأخير في تنفيذ التزامات قانونية لا يُساءلُ صاحبُه عنه قانونا.
Non excusable delay	تأخير غير سائغ
Delegate	**[كاسم] مندوب، مبعوث** **[كفعل] يوقد، يبعث**
Delegation	**ايفاد، انتداب**
Delegitimize	**ينزع الشرعية**
Delegitimization	**نزع الشرعية**
Deliberate	**يفكر مليا، يقلب المسألة، يتداول، يشاور، مُتعمد، مُروًى فيه**
Deliberately	**عمداً**
Deliberation	**مداولة قضاة المحكمة**
Arbitrators' deliberation	تداول المحكمين
Jury's deliberation	تداول المحلفين. تشاور المحلفين حول الدعوى المنظورة والقرار الواجب اعتماده.
Delict	**إخلال بواجب، جرم مدني (فعل ضار)**
Deliver	**يسلم**
Delivery	**تسليم**
Justice delivery	تحقيق العدالة
Recorded delivery	تسليم مُسجل
Timely delivery	تسليم في موعده
Unrecorded delivery	تسليم غير مسجل
demand	**يطلب، يطالب**
Demerger	**انقسام شركة لأكثر من شركة**

Democracy	**ديمقراطية**
Demonstrate	**يفسر**
Demonstration	**شرح**
Demotion	**حط من الدرجة أو الرتبة**
Demurrage	**التأخير في تحميل أو تفريغ السفينة**
Denial	**إنكار، رفض**
Denial of request	رفض طلب
Denial of request for parole	رفض طلب للإفراج المشروط
Denial of speedy trial	حرمان من محاكمة عاجلة. حرمان المتهم لاسيما في القضايا الجنائية من محاكمة عاجلة وهو ما يعد حرمانا من حق أساسي وهو ما يرقى أن يكون أساسا لدفاع إجرائي.
Flat denial	إنكار صريح
Deny	**ينكر، يرفض**
Depart	**يغادر**
Department	**دائرة**
Departure	**مغادرة**
Dependant	**معول، معتمد على غيره**
Dependence	**اعتماد، اعتماد على الغد**
Deport	**يبعد شخصاً خارج البلاد**
Deportation	**إبعاد**
Deposit	**يودع، عربون**
Deposition	**إفادة، شهادة**
Deprive	**يجرد، يحرم من امتياز**
deputy	**نائب وكيل**
Descendant	**خلف**
Describe	**يبين، يشرح**
Description	**وصف، بيان**
Design	**[كفعل] يصمم، يرسم** **[في البراءات] رسم، تصوير**
Designate	**يعين، يسمي**
Designation	**تعيين، بيان**
Desire	**يرغب، رغبة**
Destination	**غاية، وجهة، مآل**
Destroy	**يتلف، يعطب**
Destruction	**دمار**
Mass destruction	دمار شامل

Detain **يعتقل، يتوقف**
Detection **تحقيق**
Detective **رجال تحري**
Detention **اعتقال، حبس**
Arbitrary detention اعتقال تحكمي. اعتقال مفتقر لأساس قانوني.
Detention without bail اعتقال دون كفالة
Detention without charge اعتقال دون تهمة
Detention without warrant اعتقال دون أمر
Unwarranted detention اعتقال غير مسوغ
Deter **يردع**
Determinate **محدد، معلوم**
Determination **تحديد، تقرير**
Expert's determination قرار صادر عن خبير
Determine **يقرر، يحكم، يحدد**
Deterrence **ردع، إثناء**
Legal deterrence ردع قانوني
Develop **ينمي، يطور**
Deviance **انحراف، شذوذ، خروج على المألوف**
Die **يتوفى، يموت**
Difference **نزاع، خلاف، فرق**
Digest **خلاصة، موجز**
Dignity **كرامة**
Human dignity الكرامة الإنسانية
Due diligence مراجعة واجبة، فحص واجب
Acquisition legal due diligence مراجعة قانونية بشأن استحواذ. فحص تقوم به الشركة الراغبة في الاستحواذ على شركة مستهدفة للإحاطة بوضعها القانوني قبل الإقدام على الاستحواذ.
Commercial property due diligence مراجعة واجبة بشأن عقارات تجارية
Due diligence in philanthropy مراجعة واجبة متصلة بنشاط خيري
Financial due diligence مراجعة واجبة مالية
Hedge funds related due diligence مراجعة واجبة متصلة بصناديق تحوط
Initial due diligence مراجعة واجبة مبدئية
Insufficient due diligence مراجعة واجبة غير كافية
Legal due diligence مراجعة قانونية واجبة
Merger due diligence مراجعة واجبة بشأن اندماج
Multidisciplinary due diligence مراجعة واجبة تغطي عددا من الاختصاصات
On-going due diligence مراجعة واجبة مستمرة. عملية فحص مستمرة غالبا ما تقوم بها الشركات لكونها تساعد على اكتشاف ممارسات الفساد في مرحلة مبكرة.
Operational due diligence مراجعة واجبة منصبة على عمليات
Poor due diligence مراجعة واجبة ضعيفة
Pre acquisition legal due diligence مراجعة قانونية واجبة سابقة على الاستحواذ. فحص الشركة المستهدفة فحصا قانونيا قبل إتمام عملية الاستحواذ.
Pre merger due diligence مراجعة واجبة سابقة على الاندماج
Dilemma **معضلة**
Diligence **عناية**
Diplomacy **دبلوماسية**
Direct **يرشد، يوجه، مباشر، مستقيم**
Direction **إدارة، توجيه**
Directive **أمر، تشريع موحد**
Disability **عارض، عجز**
Disable **يعطل، يقيد**
disapprove **يمانع، يرفض**
Disaster **كارثة**
Disbar **يشطب محاميا من نقابة المحامين**
Disbarment **شطب محامي من نقابة المحامين**
Discharge **إبراء ذمة، يبطل، يلغي، يطلق سراح متهم، يفرغ سفينة من حمولتها**
Discipline **نظام تأديب**
Disclaimer **تنصل**
Disclose **يفشي**
Disclosure **إفشاء معلومات**
Accidental disclosure of abuse إفصاح بالصدفة عن إساءة معاملة
Annual disclosure إفصاح سنوي

Arbitrator's disclosure	إفصاح المحكم. كشف المحكم قبل بدء التحكيم عن أي تنازع مصالح موجود أو عن سبق تعاونه مع أي من الطرفين المحتكمين مما يستوجب أن يحيط به الطرف الآخر علما.
Disclosure of conflict of interest	إفصاح عن تضارب مصالح
Disclosure of potential conflict of interest	إفصاح عن تضارب احتمالي للمصالح
Periodic disclosure	إفصاح دوري
Purposeful disclosure of abuse	إفصاح مقصود عن إساءة معاملة
Timely disclosure of verified information	إفصاح صادر في وقت مناسب عن معلومات تم التحقق منها
Unauthorized disclosure	إفصاح بلا سند
Undue disclosure	إفصاح في غير محله، إفصاح مفتقرٌ للأساس القانوني
Discretion	**تقدير، سلطة تقديرية**
Administrative discretion	تقدير إداري
Contractual discretion	تقدير تعاقدي
Free discretion	تقدير حر
Judicial discretion	تقدير قضائي
Discretionary	**متروك لتقدير المرء واختياره**
Discrimination	**تمييز**
Age discrimination	تمييز عمريّ، تمييز على أساس السن
Civil status-based discrimination	تمييز على أساس الوضعية المدنية
Color discrimination	تمييز على أساس اللون
Current state of health-based discrimination	تمييز على أساس الحالة الصحية الراهنة
Descent-based discrimination	تمييز على أساس الأصل
Ethnic based discrimination	تمييز على أساس الأصل العرقي
Fortune-based discrimination	تمييز على أساس الثروة
Future state of health-based discrimination	تمييز على أساس الحالة الصحية المستقبلية
Handicap-based discrimination	تمييز على أساس الإعاقة
Induced discrimination	تمييز منبثق عن تحريض
National-based discrimination	تمييز على أساس الانتماء القومي
Philosophical-beliefs based discrimination	تمييز على أساس المعتقدات الفلسفية
Physical features-based discrimination	تمييز على أساس السمات الجسدية
Racial discrimination	تمييز عنصري
Religious discrimination	تمييز ديني
Sex-based discrimination	تمييز على أساس الجنس
Sexual orientation-based discrimination	تمييز على أساس الميل الجنسي.
Supposed race-based discrimination	تمييز على أساس العرق المفترض
Discriminator	**مميز، ممارس للتمييز**
Discriminatory	**تمييزي**
Discuss	**يناقش، يتداول**
Disguise	**يخفي، قناع، ستار**
Dismiss	**يرد دعوى دون الفصل في الطلب**
Dismissal	**رد الدعوى**
Abusive dismissal	فصل تعسفي
Case dismissal	رفض الدعوى
Lawful dismissal	فصل قانوني
Wrongful dismissal	فصل جائر، فصل غير شرعي
Undue dismissal	فصل لا سند له
Unfair dismissal	فصل غير عادل
Dismissed	مفصول
Disorder	**انحراف**
Antisocial personality disorder	اضطراب للشخصية مجابه للمجتمع
Internet disorder	فوضى الشبكة البينية
Narcissistic personality disorder	اضطراب للشخصية ذو طبيعة نرجسية
Personality disorder	اضطراب الشخصية
Public disorder	فوضى عامة
Sadistic personality disorder	اضطراب سادي للشخصية
Disordered	**مضطرب، غير متوازن**
Mentally disordered	غير متوازن عقلا
Dispatch	**يرسل (شيء أو بضاعة)**
Display	**عرض**
Disposal	**تصرف في شيء**
Disposal of	**يتنازل عن مال**
Disputant	**منازع، مفند**
Dispute	**يخاصم، نزاع، خصومة**

Multi-party dispute	نزاع متعدد الأطراف
Disputes	**نزاعات، خلافات**
Attorney/client disputes	نزاعات العملاء والمحامين
Client/broker disputes	نزاعات العملاء والوسطاء
Employee benefit disputes	نزاعات تتعلق بمزايا وظيفية
Family disputes	نزاعات عائلية
Labor/management disputes	نزاعات العاملين والإدارة
Post separation disputes	نزاعات ما بعد الانفصال. نزاعات بين أرباب العمل والعاملين عقب انفصال العامل عن العمل.
Severance disputes	نزاعات تتعلق بالتعويضات الوظيفية
disregard	**يتغاضى، يهمل**
Dissolution	**حل الشركة، انفساخ العقد**
Company dissolution	حل شركة
Dissolve	**يحل، يلغي**
Distinctive	**واضح**
Distinguish	**يميز**
Distort	**يشوه**
Distortion	**تشويش، تشويه**
Content distortion	تشويش محتوى. تشويش محتوى شبكي.
Disturb	**يقلق، يضايق، يزعج**
Disturbance	**مضايقة، إقلاق**
Diversion	**تحويل وجهة**
Diversion of fund	تحويل وجهة أموال
Unauthorized diversion of fund	تحويل وجهة أموال لا سند له
Divert	**يحول وجهة**
Divide	**يقسم، يفرز**
Dividend	**عوائد أسهم**
Divisible	**قابل للفرز، قابل للقسمة**
Division	**قسمة، تجزئة**
Geopolitical divisions	أقسام جغرافية سياسية
Geo-legal divisions	أقسام جغرافية قانونية
Divorce	**يطلق، طلاق، يفصل عن**
Amicable divorce	طلاق ودي
Inamicable divorce	طلاق غير ودي
Collaborative divorce	طلاق تعاوني
Divorcee	**مُطلق**
Divulge	**يفشي**

Docket	**جدول الدعاوى**
Doctrine	**مبدأ قانوني، مذهب**
Non-delegation doctrine	مبدأ عدم التفويض. مبدأ قوامه عدم جواز قيام أي جهة من جهات الإدارة بتفويض سلطاتها لجهة إدارة أخرى.
Document	**يوثق، وثيقة، مستند**
Certified document	مستند موثق
Credible document	مستند ذو مصداقية
Notarized document	مستند موثق لدى كاتب عدل
Documentary credit	**اعتماد مستندي**
Documentation	**توثيق**
As built documentation	توثيق مطابق لحالة التشييد. توثيق مستندات بناء المبنى لتعكس حالة التشييد عكسا كاملا.
Documents	**وثائق**
Company's constituting documents	وثائق الشركة المؤسسة
Company's organic documents	وثائق الشركة الخاصة بتأسيسها ونشاطها
Organizing documents	وثائق مُنظِّمة
Dogma	**مبدأ، مبدأ قانوني غير مكتوب (قضائي المنشأ)**
Domicile	**موطن**
Dominant	**سائد، مسيطر**
Dominant estate	**عقار مخدوم**
Donation	**تبرع**
Donator	**متبرع**
Donatory	**تبرعي**
Donor	**واهب، متبرع**
Dormant	**جامد، موصٍ (شريك موصي)**
Dormant partner	**شريك موصي**
Doubt	**يشك، يرتاب، شك، ريبة**
Reasonable doubt	شك معقول
Unreasonable doubt	شك غير معقول
Draft	**يصيغ، يصوغ، حوالة مالية، مسودة**
Draft law	**مسودة قانون**
Drafter	**صائغ، القائم على الصياغة، محرر المسودة**
Drafters	**واضعو المسودة، محررو المسودة، صائغو المسودة**

Constitution drafters	واضعو مسودة الدستور، واضعو مشروع الدستور
Drafting	**صياغة، وضع مسودة الوثيقة**
Constitution drafting	صياغة الدستور، وضع مسودة الدستور، وضع مشروع الدستور
Legal drafting	الصياغة القانونية. تحرير المادة بلغة قانونية. تعد الصياغة القانونية إحدى المهارات الأساسية للعاملين بالحقل القانوني.
Draw	**يحرر شيك أو ورقة مالية**
Drawee	**المسحوب عليه ورقة مالية**
Drawer	**منشئ الورقة المالية**
Dual	**مزدوج، ذو صفتين**
Due	**مستحق، حال الأداء**
Due care	**العناية اللازمة، العناية الواجبة**
Due diligence	**الاجتهاد اللازم (المطلوب)**
Dump	**يُغرِق. قيام مُصنع في بلد من البلدان بتصدير منتجه إلى بلد آخر بسعر أقل من سعر بيع المنتج في بلده أو من كلفة تصنيعه بغية إغراق السوق به.**
Dumping	**إغراق**
Dumper	**مُغرِق**
Duplicate	**مستخرج، بدل تالف**
Duration	**زمن، مدى**
Duress	**يرغم، إكراه**
During	**أثناء، خلال**
Duties	**رسوم، رسوم جمركية**
Duty	**واجب، رسم**
Anti-dumping duty	ضريبة مكافحة الإغراق. ضرائب لمواجهة الإغراق. فروق سعرية تقرر لتعديل سعر منتج تم خفض سعره خفضاً مشبوهاً بغية إغراق السوق به.
Duty of care	واجب العناية. يعد أساس مهنة المحاماة بذل العناية لا تحقيق الغاية.

E

Earn	**يكسب**
earned income	**إيراد، دخل**
Earnest	**عربون**
Earnings	**مكاسب**
Easement	**ارتفاق، ارتفاق عقاري**
Economy	**اقتصاد**
Corruption-driven economy	اقتصاد يقوده الفساد
Education	**تعليم**
Global citizenship education	تعليم المواطنة العالمية. تأهيل الأشخاص على قيمة وحدة إنسانية البشر ووحدة الأرض التي يعيشون عليها. وقد تبين أنه كلما صعد منحنى تعليم ثقافة المواطنة العالمية على مستوى المواطنين كلما انخفضت الجرائم المدفوعة بالكراهية العرقية على مستوى النسيج الاجتماعي، وكلما صعد منحنى تعليم المواطنة العالمية على مستوى الشركات كلما ارتقى أداء الشركات على مستوى المحافظة على البيئة ومواجهة التهديدات المصيرية التي تواجه كوكب الأرض.
Human rights education	تعليم حقوق الإنسان
International education	التعليم الدولي
Multi-cultural education	تعليم الثقافة التعددية. تأهيل الأشخاص على قيم الثقافات المختلفة المتفاعلة. وقد تبين أنه كلما صعد منحنى تعليم الثقافة التعددية على مستوى المواطنين كلما انخفضت الجرائم المدفوعة بالكراهية العرقية والتكبر الثقافي على مستوى النسيج الاجتماعي، وكلما صعد منحنى تعليم الثقافة التعددية على مستوى الشركات كلما ارتقى أداء الشركات التي لديها أفرع في أكثر من مكان والتي لديها موظفون مختلفو الثقافات وخفت خلافات الموظفين المدفوعة بالحساسيات الثقافية والغلو في الوطنية.
Effect	**يسبب، ينتج، أثر، مفعول، نفاذ**
Adverse effect	واقع معاكس
Material adverse effect	واقع مادي معاكس
Effective	**سار، نافذ**
Effective date	**تاريخ السريان**
effects	**آثار**
Efficient	**فعال، منتج، مناسب**
Effort	**جهد، مسعى**
Ejection	**إخلاء عقار**
Element	**عنصر، ركن**
Eligibility	**أهلية، جدارة**
Eligible	**أهل، كفء**
Elimination	**إزالة**
Embargo	**حصار بحري**
Embezzle	**يختلس**
Embezzlement	**اختلاس**
Embezzler	**مختلس**
Emblem	**شعار، شعار رسمي**
Emerge	**يبرز، ينشأ**
Empire	**امبراطورية**
Empiric	**طبيب الممارسة**
Employ	**يوظف**
Employee	**موظف**
Laid off employee	موظف مُسرَّح
Probationary employee	موظف في حالة اختبار
Reinstated employee	موظف مُعادٌ إلى وظيفته
Employer	**صاحب عمل**
Employment	**وظيفة**
Empower	**يفوض، يمنح سلطة**
Enable	**يمكن**
Enact	**يسن، يصدر قانوناً**
Enactment	**سن قانون**
Encumbrance	**رهن**

End نهاية، مآل، قصد
Endanger يعرض لخطر
endeavor يجد، يسعى، اجتهاد، سعي
Endorse يُظهِّر، يُزكِّي
Endorsee مُظهر له، مُزكَى
Endorser مُظهر، مُزكٍ
Endorsement تظهير، تزكية
Acquisition endorsement by the Board إقرار الاستحواذ من قبل المجلس. موافقة مجلس الإدارة على قيام الشركة بتملك شركة أخرى.
Endow يقف مالا على، يهب، يمنح
Endowment وقف، منح، هبة
Enemy عدو
Enforce يُنفذ، يطبَق
Enforceability قابلية الشئ للإنفاذ، قابلية الشئ أن يتم فرضه بالقوة
Arbitral awards' enforceability قابلية حكم التحكيم للإنفاذ
Enforceable واجب النفاذ
Enforcement إنفاذ، وضع الشئ موضع التنفيذ
Enforcement of judicial decisions تنفيذ القرارات القضائية
Contract enforcement إنفاذ العقد
Law enforcement إنفاذ القانون
Patent enforcement إنفاذ البراءة
Enforcement of IP rights إنفاذ حقوق الملكية الفكرية
Enforcement of arbitration awards إنفاذ قرارات التحكيم
Enforcement of foreign arbitration awards إنفاذ قرارات التحكيم الأجنبية
Engage ينخرط في
Engagement عقد، ارتباط
Engineering هندسة
Financial engineering هندسة مالية
Legal engineering هندسة قانونية
Enrich يُثري، يُغني، يزخرف، يخصب
Enrichment without cause إثراء بلا سبب
Enrichment without just cause إثراء بلا سبب شرعي
Illicit enrichment إثراء غير مشروع
Self-enrichment إثراء النفس
Unjust enrichment إثراء غير شرعي
Ensure يؤكد، يضمن
Enter يدخل في عقد، يقيِّد في سجل
Enterprise مشروع تجاري
Entire كلي، غير مجزأ
Entitle يخول، يمنح حق
Entitlement استحقاق
Constitutional entitlement استحقاق دستوري. حق المرء في التمتع بحق أو ميزة أو فائدة يقرر الدستور أنه يستحقها.
Legal entitlement استحقاق قانوني. حق المرء في الحصول على ميزة أو فائدة يقرر القانون أنه يستحقها.
Entity كيان اعتباري
Legal entity كيان قانوني، كيان سليم قانونا
Multi-purpose entity كيان ذو غايات عديدة
Non-legal entity كيان لا قانوني. كيان لا يتمتع بصفة قانونية.
Single purpose entity كيان ذو غاية واحدة
Special purpose entity كيان ذو غاية خاصة
Entrust يعهد، يعهد إلى شخص بواجب
Enure يؤكد، يضمن، يكفل
Environment بيئة، وسط
Conventional trading environment بيئة تجارة معهودة
Corporate environment بيئة مؤسسية
Legal environment بيئة قانونية
Legislative environment بيئة تشريعية
Political legal environment بيئة سياسية قانونية
Unconventional trading environment بيئة تجارة غير معهودة
Equal معادل، متساوي
Equality مساواة
Equitable إنصافي
Equity إنصاف، عدالة
Equivalent مكافئ، مساوي
Error غلط، توهم واقعة أو شيء غير موجود
Error in fact غلط في الواقع
Error in law غلط في القانون
Error of omission غلط بالترك
Escape يهرب

Escrow	سند أمانة
Espionage	تجسس، جاسوسية
Essence	جوهر، موضوع، أساس
essential	جوهري، أساسي
Establish	ينشئ، يثبت حق
Establishment	منشأة، مؤسسة، إثبات حق
Estate	عقار، تركة
Estate tax	ضريبة تركة
Estimate	يقدر، يخمن
Estoppels	الإغلاق أو الحيلولة في القانون الإنجليزي
Et al	اختصار بمعنى (وآخرون) أو (وغير ذلك)
Ethical	أخلاقي
Ethics	أخلاق
Arbitration ethics	أخلاقيات تحكيمية
International relations ethics	أخلاقيات العلاقات الدولية
Judicial ethics	أخلاقيات قضائية
Legal ethics	أخلاقيات قانونية
Social ethics	أخلاقيات اجتماعية
Evade	يتهرب
Evaluate	يقيم، يثمن
Event	حادثة، واقعة
Event of default	حادثة الإخلال
Event of force majeure	حادثة القوة القاهرة
Events	أحداث، حوادث
Unforeseen events	أحداث غير مستشرفة
Eventual	تالٍ
Evict	يخلي عقار
Eviction	إخلاء، طرد
Evidence	بينة، دليل
Circumstantial evidence	برهان ظرفي
DNA evidence	برهان مؤسس على الحمض النووي
Insufficient evidence	برهان غير كاف
Material evidence	برهان مادي
Mounting evidence	برهان يزداد ثقلا بمرور الوقت
Overwhelming evidence	برهان كاف
Evident	واضح، ظاهر، جلي
Evil	فاسد، شرير
Ex	سابق، باستثناء
Ex officio	تلقائي، بحكم المنصب أو الوظيفة
Ex parte	من جانب واحد
Ex post facto	أثر رجعي
Exact	مطابق، صحيح
Examination	استجواب
Cross examination	استجواب عكسي
Direct examination	استجواب مباشر
Due diligence examination	فحص المراجعة الواجبة
Examine	يفحص، يستجوب
Examiner	فاحص، مستجوب، مستنطق، ممتحن، مراجع، مختبر
Exceed	يزيد، يتجاوز
Except	باستثناء
Exception	استثناء
Excess	تجاوز، زيادة
Excessive	متجاوز للحد
Exchange	معاوضة، يعاوض، يبادل، صرف، صرافة، تحويل نقد
Exchange rate	سعر الصرف
Exclude	يستثني
Exclusion	استبعاد
Exclusion of key evidence	استبعاد دليل أساسي
Exclusion of liability	استبعاد المسئولية
Exclusive	خاص، حصري
Exclusive licence	رخصة حصرية
Excuse	عذر، يعذر، يعفو
Executability	قابلية الشيء للتنفيذ
Arbitral awards' executability	قابلية حكم التحكيم للتنفيذ
Executable	قابل للتنفيذ
Execute	ينفذ، ينفذ حق، ينفذ عقوبة، يعدم
Executed	نافذ
Execution	تنفيذ
Humane execution	تنفيذ حكم الإعدام على نحو إنساني
Wrongful execution	تنفيذ حكم الإعدام على نحو خاطئ. صدور حكم بإعدام شخص برئ وهو ما يعد من

أشكال سوء إعمال العدالة.

Executive **تنفيذي**

Senior executive تنفيذي رفيع

Unitary executive تعبير يطلق على مبدأ دستوري أمريكي مفاده أن الرئيس يهيمن على السلطة التنفيذية.

Executives **تنفيذيون**

Company's top executives كبار تنفيذيي الشركة

Legal executives تنفيذيون قانونيون. مدراء قانونيون ذوو صلاحيات تنفيذية.

Executor **منفذ وصية**

Executory **قابل للتنفيذ، مستقبلي التنفيذ**

Exemplary **تكديري، عقابي**

Exempt **يعفي**

Exempt from military service معفى من الخدمة العسكرية

Exemption **إعفاء**

Exemption of military service إعفاء من الخدمة العسكرية

Tax exemption إعفاء ضريبي

Exercise **يمارس حقاً**

Exercisable **قابل للممارسة**

Exercisability of right قابلية الحق للممارسة، إمكانية ممارسة الحق

Exhibit **يبرز، يعرض، ملحق، دليل**

Exist **يوجد، موجود**

Existence **وجود، كيان**

Existing **حالي، موجود**

Expect **يتوقع، يرجو**

Expel **يطرد، يفصل من خدمة**

Expenditure **مصروف**

Expenses **نفقة، مصروف**

Judicial expenses نفقات قضائية

Legal expenses نفقات قانونية

Out of pocket expenses نفقات خارجة من الجيب

Unauthorized expenses نفقات دون سند

Expert **خبير**

Fingerprint expert خبير بصمات

Non testifying expert خبير لا يدلي بشهادة

Sound expert خبير أصوات

Testifying expert خبير يدلي بشهادته

Voice identification expert خبير تحديد هوية الأصوات

Voice recognition expert خبير التعرف على الأصوات

Expert evidence **دليل الخبرة**

Expert witnesses **إفادة الخبير**

Expertise **خبرة، إحاطة رفيعة المستوى**

Legal expertise خبرة قانونية

Expire **ينقضي، ينتهي**

Expiry **انقضاء أجل**

Agreement expiry انقضاء أجل اتفاق

Expiry of the law انقضاء أجل القانون

Expired **ذو أجل منقضٍ، انقضى أجله**

Explain **يفسر، يشرح**

Explanatory **إيضاحي**

Explicit **صريح**

Exploitation **استغلال**

Exploit **يستغل، عمل جرئ**

Exploitation **استغلال، دعاية**

Commercial exploitation استغلال تجاري

Commercial sexual exploitation استغلال جنسي تجاري

Sexual exploitation استغلال جنسي

Exploitative **استغلالي**

Exploiter **مُستغل**

Export **يصدر، تصدير**

Expose **يكشف، يعرض**

Exposed **مُنكشف، مكشوف**

Legally exposed مُنكشف قانونا

Exposition **شرح**

Exposure **انكشاف، هتك، فضح، تعرض**

Financial exposure انكشاف مالي

Insurance exposure انكشاف تأميني

Legal exposure انكشاف قانوني

Express **صريح، يعبر، يوضح**

Expropriate **ينزع ملكية**

Expropriation **نزع الملكية**

Extend **يمد، يطيل، يمنح حق أو سلطة**

Extension **إطالة، زيادة**

Extent **حد، أمد**

External **خارجي، ظاهري**

Extinguish **ينقضي، يزول**

Extinguishment **زوال، انقضاء**

Extort	**يبتز**
Extorted	**مبتز**
Extortion	**ابتزاز**
Emotional extortion	ابتزاز عاطفي
Financial extortion	ابتزاز مالي
Induced extortion	ابتزاز مؤسس على تحريض
Personal extortion	ابتزاز شخصي
Extra	**زائد، إضافي**
Extradition	**تسليم المجرمين**
Extraordinary	**استثنائي، غير عادي**
Extreme	**إفراط أو مفرط**
Evade	**يهرب من، يتملص، يتجنب**
Evader	**متهرب من**
Tax evader	متهرب من الضرائب
Evasive	**تهربي**
Tax evasion	تهرب من الضرائب
eyewitness	**شاهد عيان**

F

Face **وجه، ظاهر السند**
Face amount **مبلغ اسمي**
Face value **قيمة اسمية**
Facilitate **يسهل، يساعد**
Facility **تسهيل، مرفق، مرفق عام**
Fact **واقع، واقعة**
Factor **عامل (مفرد عوامل)**
Facts **حقائق، وقائع**
Essential facts of the dispute حقائق النزاع الجوهرية
Factual **حقائقي**
Faculty **قدرة، حاسة**
Fail **يعجز، يقصر**
Failure **فشل، إهمال واجب**
Fair **منصف، عادل**
Faith **إيمان**
Bad faith نية سيئة
Good faith نية حسنة
Insurance bad faith سوء نية تأمينية. تعبير يطلق على ادعاء شخص مؤمن عليه في مواجهة شركة تأمين لارتكابها فعلا غير قانوني.
Faithful **أمين**
Fake **ملفق، مقلد**
Fall **يسقط، يتغير من حال لآخر**
Fallacy **مغالطة**
False **خادع، غير صحيح**
Falsehood **كذب، بهتان**
Falsification **تزييف، تحريف، تشويه**
Falsification of audit records **تزييف سجلات محاسبة**
Falsifier **مزيف**
Falsify **يدحض**
Fame **شهرة، سمعة**
Familiar **مألوف**
Fantasize **يتخيل**
Fantasy **خيال**

Fantasies **خيالات**
Control fantasies خيالات السيطرة. تصورات وهمية تشعر متصورها أنه صاحب سلطان وقوة، وفي بعض الأحيان تكون خيالات السيطرة دافعا لارتكاب جرائم جنائية، وأحيانا تكون دافعا لسلوك مسلك إداري استبدادي معتور في إدارة الشركة، وهو ما يجعلها سببا من أسباب الخلافات بين الموظفين.
Self-centered fantasies خيالات متمركزة حول الذات
Crime-inducing fantasies خيالات مُحرضة على ارتكاب الجريمة
Dominance fantasies خيالات السيطرة
Fame fantasies خيالات الشهرة. تصورات وهمية مَرَضية قوامها انبهار صاحبها بالشهرة على نحو متطرف وهو ما قد يدفعه لارتكاب جرائم جنائية لجذب الأنظار إليه واكتساب الشهرة.
Sexual conquest fantasies خيالات الانتصارات الجنسية. تصورات وهمية تُشعر متصورها أنه إذ يغتصب إنما يحقق انتصارا جنسيا.
Faqih **فقيه. خبير بأمور الفقه وأحكام الشريعة.**
Islamic finance faqih فقيه تمويل إسلامي
Faqihs **فقهاء**
Fatal **قاتل**
Fatwa **فتوى**
Binding fatwa فتوى ملزمة
Collective fatwa فتوى جماعية
Independent scholar's fatwa فتوى عالم مستقل
Institutional fatwa فتوى مؤسسية
Judges' fatwa فتوى قاضي
Official fatwa فتوى رسمية
Official Mufti's fatwa فتوى المفتي الرسمي
Unbinding fatwa فتوى غير ملزمة

Unofficial fatwa	فتوى غير رسمية
Fatwas	**فتاوى**
Fault	**خطأ، تقصير**
Favor	**يفضل، يحابي، خدمة، معروف، فضل، استحسان، محاباة، تحيز، صالح، مصلحة**
Favorite	**مفضل**
Favoritism	**تفضيل**
Managerial favoritism	تفضيلية المدراء. تعبير يطلق على تحيز المدراء الذي من أبرز صوره تحيزهم تجاه كبار المساهمين.
Fear	**خوف**
Federal	**اتحادي، فدرالي**
Federation	**اتحاد، اتحاد رياضي**
Fee	**رسم**
Feel	**يشعر، يحس، يلمس، حاسة اللمس، إحساس، ملمس**
Feeling	**شعور**
Feeling of venerability	**شعور بالهشاشة**
Felon	**جاني**
Convicted felon	مرتكب جناية مدان
Felony	**جناية**
Feual	**اقطاعي، متعلق بالاقطاع**
Fiction	**افتراض، افتراض قانوني**
Fictitious	**افتراضي، صوري**
Fiducial	**موضع أمانة**
Fiduciary	**ائتماني**
File	**ملف، يودع**
Filing	**رفع طلب، إيداع**
Bad faith trademark filing	إيداع علامة تجارية سيئ النية
Filing a legal action	وفع دعوى قانونية
Filing a patent application	إيداع طلب براءة
International trademark filing	الإيداع الدولي للعلامات
Patent Cooperation Treaty filing	إيداع طلب براءة في ظل معاهدة التعاون بشأن البراءات.
Trademark filing	إيداع طلب لتسجيل علامة تجارية
Final	**نهائي، قطعي**
Final decision	**قرار نهائي**
Finality	**نهائية**
Finality of arbitral award	نهائية التحكيم. مفهوم مفاده
Find	**يجد، يصدر حكما قضائيا، يكتشف، يوجد، اكتشاف، لُقية**
Finding	**إيجاد، اكتشاف، حكم**
Fact finding	تقصي حقائق
Finding of active inducement to infringe	حكم بحصول تحريض فعال للانتهاك
Finding of bad faith registration	حكم بحصول تسجيل سيء النية
Finding of contributory infringement	حكم بحصول انتهاك إسهامي
Finding of copyright misuse	حكم بحصول إساءة استخدام حق النشر
Finding of non-infringement	حكم بعدم حصول انتهاك
Finding of willful infringement	حكم بحصول انتهاك عمدي
Fine	**يفرض غرامة، غرامة**
Finger	**إصبع**
Fingerprint	**بصمة الإصبع، بصمة**
Fiqh	**فقه**
Fiqh al-Mu'amalat	فقه المعاملات
Fiqh of business	فقه التجارة
Fiqh of Islamic finance	فقه التمويل الإسلامي
Fiqh of madhabs	فقه المذاهب
Fiqh of shari'a transactions	فقه المعاملات الشرعية
Islamic fiqh	فقه إسلامي
Firm	**يرسخ، يوطد، يترسخ، متين، ثابت، راسخ، مؤسسة، شركة**
Boutique law firm	تعبير يطلق على المؤسسة القانونية صغيرة الحجم التي تختص في مجال معين من مجالات القانون
Law firm	مؤسسة قانونية
First	**أول، أولي، أعلى مرتبة**
First class	**أول درجة، أعلى مرتبة**
First lien	**امتياز درجة أولى**
Fiscal	**مالي**
Fiscal year	**سنة مالية**
Fit	**مناسب، يعدل شيء ليصبح مناسب لغاية ما**
Fix	**يحدد، يثبت**

Fixation	**تثبيت**
Fixed	**محدد، متفق عليه**
Fixed capital	**رأسمال ثابت**
Flagrant	**سافر، غاشم**
Follow	**يراعي، يتبع، يسير على نمط**
For	**نيابة عن، مقابل، نظير**
For value	**في مقابل بدل مالي**
Forbear	**يمتنع**
Forbearance	**امتناع**
Forbid	**يمنع**
Force	**قوة، مفعول**
Foreign	**أجنبي، عدم الصلة بموضوع ما**
Forensic	**شرعي، قانوني**
Forensic medicine	**طب شرعي**
Foresee	**يتصور، يتخيل، يتنبأ**
Forfeit	**غرامة، يدفع غرامة**
Forfeiture	**غرامة، مصادرة**
Forge	**يزوّر**
Forgery	**تزوير**
Forger	**مُزيف**
Forgive	**يسامح، يصفح**
Form	**شكل، استمارة، إجراء واجب الإتباع**
Formal	**شكلي**
Formality	**شكل، شكلية قانونية لتصرف ما**
Former	**سابق، متقدم**
Fornication	**فجور**
Foundation	**تأسيس، إنشاء، مؤسسة**
Founder	**مؤسس**
Fraction	**جزء**
Frame	**يلفق تهمة، يشكل، يصنع، ينشئ، يضع، يستنبط، يصوغ، يؤطر، هيكل، إطار**
Framer	**صائغ، مُؤطر**
Framers	**صائغو**
Framers of the constitution	صائغو الدستور
Franchise	**امتياز، امتياز تجاري**
Frank	**صريح**
Fraud	**خداع، احتيال، غش**
Check fraud	احتيال متصل بالشيكات
Credit card fraud	احتيال متصل بالبطاقات الائتمانية
Identity fraud	احتيال متصل بالهوية. ارتكاب أفعال احتيالية تتصل بهوية الغير مثل سرقتها أو تشويهها.
Internet fraud	احتيال شبكي، احتيال عبر الشبكة البينية
Invoicing fraud	احتيال متصل بتقديم إشعارات السداد
Online fraud	احتيال على الخط الحيوي
Fraudulent	**احتيالي، خداعي**
Free	**حر، جائز، معفي، غير مقيد بعبء قانوني، مجاني**
Freedom	**حرية**
Digital freedom	الحرية الرقمية. حرية تبادل المعلومات والأفكار في المجال الرقمي، وهو شعار يرفعه منتقدو نظام الملكية الفكرية التقليدي الذين يرون أن هذا النظام مفعم بقيود مبالغ فيها.
Freedom of access to information	حرية الوصول إلى المعلومات
Freedom of association	حرية التجمع وتأسيس النقابات
Freedom of information	حرية الحصول على المعلومات. شعار ينادي به منتقدو نظام حق النشر التقليدي الذين يرون أن هذا النظام يؤدي إلى مناوأة تدفق المعلومات.
Freedom of knowledge	حرية المعرفة. شعار ينادي به منتقدو نظام حق النشر التقليدي الذين يرون أن هذا النظام يؤدي إلى تقييد حركة العلم والمعرفة.
Freedom of speech	حرية التعبير
Intellectual Freedom	الحرية الفكرية. حرية مصدر المعلومات في اختيار أن يكون اسمه مخفيا أم معلوما.
Software freedom	حرية البرامج. حرية تداول البرامج الحاسبية. شعار ينادي به منتقدو نظام حق النشر التقليدي الذين يرون أن هذا النظام يؤدي إلى انحسار الإبداع.

Freehold	**ملكية عقارية**
Freight	**أجرة نقل**
Frequent	**متكرر، غالب الحدوث**
Fresh	**جديد**
Friend	**صديق**
Friend of the court	صديق المحكمة. وفق عدد من القوانين، هو شخص ليس طرفا مشار في الدعوى المنظورة لكنه يتقدم للمحكمة بالتماس للاستماع إليه أو تستدعيه المحكمة للمثول أمامها نظرا لكون إفادته لها أثر في مسار الدعوى.
From	**من، منذ**
Frontier	**حد**
Fruit	**ثمار**
frustration	**إحباط**
Fugitive	**طريد، فار من العدالة**
Full	**كامل**
Full age	**سن الرشد**
Fund	**رصيد، مال، صندوق استثماري**
Funder	**ممول**
Funding	**القيام بالتمويل**
Funding of terrorism	تمويل الإرهاب
Furnish	**يمد، يزود، يجهز**
Further	**إضافي**
Future	**مستقبل**

G

Gain — كسب، ربح
Gamble — يقامر
Gambler — مقامر
Game — مراهنة، لعبة
Gaming — لعب قمار
Grang — عصابة إجرامية
Gaol — حبس
Garnishment — حجز أموال المدين التي تكون في حيازة الغير
Gate — طريق، ممر
General — عام، شامل
General assembly — جمعية عمومية
General average — عوار
Generalize — يعمم
Generation — جيل
Generic — عام، غير محمي بحق ملكية فكرية
Genocide — إبادة جماعية. قتل مجموعات بشرية تنتمي لعرق أو دين أو جماعية وطنية.
Gentleman's agreement — اتفاقية شرفية
Genuine — أصلي، غير مقلد، صحيح
Gift — هبة
Give — يعطي، يمنح
Giving — إعطاء
Unlawful giving of elections contributions — إعطاء إسهامات انتخابية غير قانوني
Unlawful giving of gratuities — منح عطايا غير قانوني
God — الله، إله
Going concern — مؤسسة عاملة
Good — صحيح، مقبول
Good cause — سبب كاف
Good consideration — عوض (بدل تعاقدي) سليم
Good faith — حسن نية
Good will — ثقة، سمعة تجارية
Goods — سِلع، بضائع
Goods of digitized content — سلع ذات محتوى رقمي
Goods of electronic material — سلع مكونة من مادة إلكترونية
Information goods — سلع معلوماتية
Physical goods — سلع مادية
Govern — يحكم، يهيمن
Governance — حوكمة
Corporate governance — حوكمة مؤسسية
Global governance — حوكمة عالمية. مجمل السياسات التي تنتهجها الأبنية العالمية مثل المنظمات الأممية رفيعة المستوى في تنظيم شئون العالم المالية والتنموية والاقتصادية والسياسية.
Risk governance — حوكمة منصبة على المخاطرة
Government — حكومة
Company's government — حكومة الشركة
Interim government — حكومة مؤقتة. حكومة يتم اختيارها في فترات خاصة يمر بها البلد ربما لتسيير أعمال البلد لفترة محدودة ريثما يتم إجراء انتخابات لانتخاب حكومة.
National government — حكومة وطنية
National unity government — حكومة وحدة وطنية
World government — حكومة العالم
Governmental act — عمل حكومي
Governor — محافظ
Gradation — تدرج، يصنف، درجة
Graffiti — مادة كلامية تكتب على الحوائط برشاشات ملونة
Offensive graffiti — شعارات مكتوبة على الحوائط بمادة الجرافيتي مخالفة للقانون
Grant — يهب، يمنح، هبة، منحة
Grantee — موهوب
Grantor — واهب
Gratuitous — تبرعي، مجاني
Grave — جسيم، فادح
Great — كبير، عظيم
Gross — جسيم، شديد، إجمالي، قائم

Gross income	**إيراد إجمالي**
Gross profit	**ربح إجمالي**
Ground	**يسبب، سبب، أساس قانوني**
Grounded	**مسبب، مبني على أساس قانوني**
Group	**يجمع، يضم، مجموعة**
Groups	**مجموعات**
Minority groups	مجموعات أقليات
Vulnerable groups	مجموعات هشة. مجموعات بشرية تتسم بالضعف لإصابتها بأمراض كالمختلين أو لتعرضها للقهر مثل المهجرين.
Guarantee	**ضمان، كفالة، يضمن، يكفل**
Guarantor	**ضامن**
Guaranty	**يضمن، ضمان، كفالة**
Guardian	**وصي، ولي**
Guardianship	**وصاية، ولاية، قوامة**
Guilt	**جرم**
Guiltless	**بريء**
Guilty	**مذنب**
Guilty as charged	**مذنبٌ وَفق الاتهام. تعبير يشيع استخدامه في القضاء الأمريكي عند الحكم على شخص بحكم مؤسس على عين التهمة المنسوبة إليه.**
Guise	**قناع، ستار، يستتر**

H

Habit — **عادة**
Habitual — **اعتيادي، عادي**
Hack — **يقتحم النظام الأمني لبرنامج أو محتوى حاسوبي و/أو شبكي وإجراء تعديلات عليه، يبتكر حلول حاسوبية.**
Hacker — **تعبير يطلق على من يقوم باقتحام النظام الأمني لبرنامج أو محتوى حاسوبي و/أو شبكي وإجراء تعديلات عليه، وعلى من يقوم بابتكار حلول حاسوبية، وعلى كل ناشط معلوماتي يرى أن النظام المعرفي الشبكي العالمي الراهن فيما يتصل بالبرامج الحاسوبية ينطوي على تقييد للمعرفة والعلم وينادي باعتماد نظم معلوماتية ومعرفية أكثر انفتاحا.**
Hacking — **تعبير يطلق على القيام باقتحام النظام الأمني لبرنامج أو محتوى حاسوبي و/أو شبكي وإجراء تعديلات عليه، وعلى القيام يقوم بابتكار حلول حاسوبية.**
Reality hacking — تعبير يطلق على قيام الناشطين المعلوماتيين الذين يرون أن النظام المعرفي الشبكي العالمي الراهن فيما يتصل بالبرامج الحاسوبية ينطوي على تقييد للمعرفة والعلم والذين ينادون باعتماد نظم معلوماتية ومعرفية أكثر انفتاحا باقتحام النظام الأمني لبرنامج أو محتوى حاسوبي و/أو شبكي وإجراء تعديلات عليه.
Handcuffs — **قيد**
Handle — **يولى شيئاً**
Hanging — **شنق**
Harass — **يضايق**
Harasser — **متحرش**
Harassment — **تحرش. سلوك مسلك شائن مخالف للقانون أو القيام بأعمال شائنة مخالفة للقانون ذات طابع مادي أو معنوي تؤدي للإساءة للغير وإيذائه.**
Harassment by computer — **تحرش بواسطة الحاسب.**
Cyber harassment — تحرش عبر مجال الحواسيب المرتبطة شبكيا
Electronic harassment — تحرش إلكتروني. إيذاء الغير من خلال استخدام وسائل إلكترونية.
Employer's harassment — تحرش رب العمل
Group psychological harassment — تحرش نفسي جماعي
Legal harassment — تحرش قانوني. تحرش بوسائل قانونية والذي قد يتضمن رفع دعاوى لمجرد إرهاق الخصم وثنيه عن فعل معين.
Police harassment — تحرش شُرَطي. تحرش من قبل الشرطة بالمواطنين والذي قد يتضمن استخدام القوة المفرطة أو التهديد أو التمييز بأي شكل من أشكاله.
Psychological harassment — تحرش نفسي
Racial harassment — تحرش عرقي. تحرش أساسه التمييز العرقي والذي قد يتضمن توجيه عبارات السخرية من العرق الذي ينتمي إليه المتحرش به، وإشعار المتحرش به بالانحطاط.
Sexual harassment — تحرش جنسي. تحرش ينطوي على استخدام عبارات أو أفعال جنسية والذي قد يتضمن القيام بمعاكسات جنسية للموظفين بالعمل.
Verbal harassment — تحرش لفظي. تحرش من خلال استخدام الألفاظ الجارحة.
Virtual harassment — تحرش متصل بالعالم المجازي. تحرش ضمن إطار عالم الشبكية البينية المجازية.

Hard	شاق، قاس، صعب
Hardship	شدة، صعوبة
Harm	أذى، ضرر
Child self harm	إيذاء الأطفال أنفسهم
Economic harm	أذى اقتصادي
Material harm	أذى مادي
Physical harm	أذى جسدي
Potential harm	أذى محتمل
Psychological harm	أذى نفسي
Self harm	إيذاء النفس
Harmony	تجانس، انسجام
Harsh	قاس، شديد
Hate	يكره، يبغض، كره، بغض
Hatred	كراهية، ضغينة
Hatred as a motive	الكراهية كدافع
Hazard	مخاطرة، مجازفة
Hazardous	خطر
Head	قائد، رئيس، فرع رئيسي
Head of government	رئيس الحكومة
Head of state	رئيس الدولة
Heading	ترؤس، عنوان
Headings	عناوين البنود. أسماء البنود الواردة في عقد.
Hear	ينظر في أمر أو دعوى
Hearing	سماع دعوى
In person hearing	جلسة استماع شخصية
Hearing de novo	إعادة محاكمة
Teleconference hearing	جلسة استماع من خلال عقد اتصال جماعي آلي. جلسة استماع تتم من خلال وسائط مرئية أو مسموعة لكون أطرافها بعيدين عن بعضهم.
Hearsay	شهادة سماع
Heir	وارث
Heiress	وارثة
Here	هنا، هذا (العقد أو السند)
Hereafter	تالياً، فيما بعد
Herebefore	سابقاً
Hereby	بهذا، بهذا السند
Herein	في هذا، في هذا السند، في هذا الاتفاقية
Hereinafter	تالياً، فيما يلي
Hereinbefore	آنفاً
Hereof	من هذا، من هذا العقد
Hereto	لهذا
Hereunder	تالياً، فيما يلي
Hereupon	بناءً عليه، بموجب هذا
Herewith	طياً، مع هذا العقد أو الاتفاقية
Heritage	ميراث، إرث (مالي أو فكري)
Hierarchy	هرمية وظيفية
High	كبير شأن، ذو مرتبة عالية
Highness	سمو، لقب تفخيم للأمراء
Hint	إشارة، دلالة
Hire	يستأجر، يوظف، أجرة
Hirepurchase	بيع إيجاري
Hirer	مستأجر
Hiring	تأجير
His honour	صاحب الشرف (لقب تبجيل للقضاة)
Hold	يحكم، يقرر، يؤيد، يعقد جلسة
Free hold	تملك حر
Holder	مالك، حائز
Patent holder	مالك البراءة
Policy holder	مالك الوثيقة. صاحب وثيقة التأمين.
Home	موطن
Homicide	قتل، أمانة إنسان
Homogeneous	متسق، متوافق
Honor	يجل، يعامل باحترام، يوفي بالتزامه، يشرف، شرف، سمعة حسنة، إجلال، مقام رفيع، درجة شرف
Honoring	الوفاء بالالتزام، تشريف
Honoring a capital call	الاستجابة لاستدعاء رأس المال. الاستجابة للدعوة الموجهة للمساهم لسداد دفعة مستحقة من دفعات رأس المال التي يتوجب عليها سدادها استكمالا لرأس مال الشركة المدفوع.
Honoring contractual obligations	الوفاء بالالتزامات التعاقدية
Hope	يرجو

Hostile **عدواني**
Hostile act **عمل عدواني**
Hostility **عدوان، حرب**
Hot pursuit **مطاردة حارة (قانون دولي)**
Hour **ساعة**
Hours **ساعات**
Billable hours الساعات المستحقة أن يتم إرسال فاتورة سداد بشأنها. ساعات العمل التي يقضيها القانوني الذي يتقاضى أجره على أساس عدد الساعات التي قضاها في إنجاز المهمة القانونية الموكلة إليه والتي يمكن له أن يرسل فاتورة بشأنها.
Billed hours الساعات التي تم إرسال فاتورة بشأنها. ساعات العمل التي أرسل القانوني - الذي يتقاضى أجره على أساس عدد الساعات التي يقضيها في إنجاز المهمة - فاتورة بشأنها إلى العميل. ويمكن أن يكون عدد الساعات أقل من الساعات المستحقة أن يتم إرسال فاتورة سداد بشأنها أو مساويا لها.
Business hours ساعات العمل
Legal hours of work ساعات العمل القانونية
Normal business hours ساعات العمل الاعتيادية
Hull **جسم السفينة**
Humiliate **يُذل، يُخزي**
Humiliation **إذلال**
Public humiliation إذلال على الملأ
Humiliator **مُذِلّ، مُخْزِ**
Hurt **يضر، يؤذي**
Husband **زوج، قريب**
Hybrid **مختلط، خليط من عنصرين**
Hypothecate **يرهن**
Hypothecation **رهن غير حيازي، رهن أوراق مالية**
Hypothesis **فرض**
Hypnotize **ينوم مغناطيسيا**
Hypnotized **مُنَوَّمٌ مغناطيسيا، واقع تحت التنويم المغناطيسي**
Hypnosis **تنويم مغناطيسي**
Forensic hypnosis تنويم مغناطيسي موظف لخدمة الطب الشرعي. يستخدم التنويم المغناطيسي في عدد من البلدان في مجال الطب الشرعي للكشف عن الجرائم.
Hypnotherapy **تنويم مغناطيسي علاجي**
Hypnotist **مُنوِّم مغناطيسي**
Criminal hypnosis تنويم مغناطيسي مُجرَّم
Therapeutic hypnosis تنويم مغناطيسي علاجي
Hypnotism **التنويمية**

I

Ideal	**مثالي**
Idealism	**مثالية**
Legal idealism	مثالية قانونية
Legal Idealist	مثالي قانوني
Identic	**مطابق**
Identical	**تطابق**
Identification	**تعريف**
Identity	**مطابقة، هوية**
Ignorance	**جهل، عدم إدراك، إهمال واجب**
Ignorance of the law	**الجهل بالقانون. عدم الإحاطة بالقانون ومواده. ويعد الاعتذار عن ارتكاب الجريمة بالجهل بالقانون اعتذاراً غير سائغ.**
Ignore	**يتجاهل، يهمل القيام بواجب**
Ijma'a	**إجماع، توافق الصحابة على حكم شرعي - توافق العلماء على حكم شرعي.**
Illegal	**غير قانوني**
Illegitimacy	**عدم المشروعية**
Legal illegitimacy	انعدام الشرعية القانونية. من أمثلته انعدام الشرعية القانونية لبعض الأحكام القضائية.
Illegitimate	**غير مشروع**
Illicit	**غير مشروع**
Illusion	**وهم، توهم**
Illusive	**يحمل على الوهم**
Illusory	**خادع**
Imitation	**تقليد**
Immaterial	**غير جوهري**
Immigration	**هجرة**
Imminent	**محدق، وشيك**
Immoral	**مخل بالحياء**
Immorality	**عدم أخلاقية**
Immovables	**عقار**
Immunity	**حصانة**
Impartial	**نزيه، منصف**
Impartiality	**عدم تحيز، نزاهة، تجرد**
Arbitrator's impartiality	عدم تحيز المحكم
Legislative impartiality	عدم تحيز التشريع
Impeach	**يساءل برلمانياً**
Impeachment	**مساءلة برلمانية**
Impede	**يعرقل**
Impediment	**مانع**
Imperative	**ملزم**
Imperfect	**معيب**
Impersonation	**غير مباح، محظور**
Implement	**ينفذ، ينفذ عقداً**
implicit	**ضمني**
Implied	**ضمني**
Imply	**يعرض**
Importation	**استيراد**
Impose	**يفرض**
Imposition	**فرض، تكليف**
Impossibility	**استحالة**
Impossible	**مستحيل**
Imprison	**يحبس، يسجن**
Imprisonment	**حبس، سجن**
Arbitrary imprisonment	حبس تَحَكُّمي. حبس لا يستند إلى أساس قانوني.
Life imprisonment	حبس مدى الحياة
Improper	**غير لائق، غير سليم**
Improve	**يحسن، يطور**
Improvement	**تحسين، تطوير**
In absentia	**غيابيا**
In banc	**عرض الأمر على القاضي لا على المحلفين**
In banco	**انعقاد المحكمة بكامل هيئتها**
In bulk	**بالكوم**
In common	**على الشيوع**
In full	**بالكامل**
In gross	**إجمالي**
In kind	**عيني**
In lieu of	**عوضاً عن**
In part	**جزئي، في جزء منه**
In person	**شخصياً، بذاته**
In personam	**شخصي**

In presence حضوري، وجاهي
In public علناً
In rem عيني
In tato كلياً
Inability عجز
Inaccessible منيع
Inadequate غير مناسب
Inadmissible غير مقبول
Inappellable حكم لا يستأنف
Incapable غير قادر
Incapacitated فاقد الأهلية
Incapacity عدم الأهلية
Incident حدث، واقعة
Incidental فرعي، عرضي
Incite يحرض، يحض
Inclusive شامل
Income دخل
Income tax ضريبة دخل
Incontestability عدم قابلية الشيء للتحدي والمعارضة
Incontestable غير قابل للتحدي والمعارضة
Incorporate يؤسس، يكون شركة
Incorporeal معنوي، غير مادي
Increase زيادة، نمو، إضافة
Incriminate يجرم، يسند جرماً إلى شخص
Indebted مدين
Indefinite مطلق، غير محدد بزمن
indemnify يعوض
Indemnity تعويض
Independence استقلال
Indication إشارة
Indict يتهم شخصاً بجرم
Indictable عرضة للاتهام والمقاضاة
Indicted متهم
Indictment لائحة اتهام
Indirect غير مباشر
Individual فرد، شخص
Indivisible غير قابل للقسمة
Indorse يحرر سند، يظهر سند، يدعم
Indorsee مظهر له، من حرر السند لمصلحته
Indorsement تظهير، دعم
Indorser مظهر، محرر السند
Induce يقنع
Induced مُحرض
Inducer مُحرِّض
Induction استنتاج
Inductive استنتاجي
Industry سوق، مجال عمل
Illegal arm industry سوق السلاح غير القانوني
Criminal industry سوق إجرامي
Illegal Drugs industry سوق أدوية غير قانونية
Growing criminal industry سوق إجرامي صاعد
Human trafficking industry سوق المتاجرة بالبشر، سُوق سَوْق البشر
Child pornography industry سوق عروض الأطفال الإباحية
Inefficient غير كفؤ، غير فعّال
Ineligible غير لائق
Inequality عدم مساواة
Constitutional inequality عدم مساواة دستورية
Legal inequality عدم مساواة قانونية. انطواء القوانين والتشريعات على تمييز غير منصف بين المخاطبين بالقوانين.
Legislative inequality عدم مساواة تشريعية
Inevitable لا يمكن تجنبه
Infer يستنتج
Inference استدلال
Inflation تضخم، تضخيم
False inflation of net worth valuation تضخيم مزيف لتقييم صافي القيمة
Influence يؤثر، أثر، سلطان
Informal عرفي، غير رسمي
Informant مخبر
Informed تمت إحاطته علما بأمر
Information معلومات

Classified information	معلومات مصنفة على أنها سرية
Confidential information	معلومات سرية
Disclosed information	معلومات مفصح عنها
Immaterial information	معلومات غير مادية. معلومات هامشية وليست جوهرية.
Materially false information	معلومات خاطئة على نحو جوهري
Misleading information	معلومات مضللة
Secret information	معلومات سرية
Infrastructure	**بنية تحتية**
Company's legal infrastructure	البنية التحتية القانونية الخاصة بالشركة
Domestic legal infrastructure	البنية التحتية القانونية المحلية
Electronic-commerce legal infrastructure	البنية التحتية القانونية للتجارة الإلكترونية
Global legal infrastructure	البنية التحتية القانونية العالمية
Judicial infrastructure	البنية التحتية القضائية
Infringe	**ينتهك**
Infringement	**تعد، خرق حقوق معنوية**
Brand infringement	تعد لعلامة
Copyright infringement	تعد لحق النشر
Design infringement	تعد لتصميم
Domain name infringement	تعد لاسم نطاق
Image infringement	تعد لصورة
Industrial design infringement	تعد لنموذج صناعي
Innocent infringement	تعد برئ
Patent infringement	تعد لبراءة
Trade name infringement	تعد لاسم تجاري
Trademark infringement	تعد لعلامة تجارية
Unintentional infringement	تعد غير مقصود
Virtual infringement	تعد افتراضي
Infringer	**معتد**
Iniquity	**إجحاف، ظلم**
Initiation	**مبادرة، بدء، استهلال**
Initiation of force	**المبادرة باستخدام القوة. البدء باستخدام القوة في مواجهة الغير.**
Initiation of violence	**المبادرة بالعنف**
Initiative	**مبادرة، أولي، تمهيدي**
United Nations Initiative on business and human rights	مبادرة الأمم المتحدة بشأن حقوق العمل التجاري وحقوق الإنسان.
Initiator	**مبادر، مبتدئ**
Violence initiator	مبادر بالعنف، مبتدء بالعنف
Injunction	**أمر قضائي غير فاصل في موضوع النزاع**
Injure	**يؤذي**
Injurious	**مؤذ، جارح**
Injury	**ضرر، جرح**
Bodily injury	ضرر جسدي
Financial injury	ضرر مالي
Intangible injury	شرر غير ملموس
Irreparable injury	شرر غير قابل للجبر
Personal injury	شرر شخصي
Injustice	**إجحاف، ظلم**
Innocence	**براءة**
Innocent	**بريء**
Innominate	**غير مسمى**
Innominate contracts	**عقود غير مسماة**
Innovation	**تجديد التزام**
Inquiry	**تحقيق، استعلام**
inquisition	**تحقيق**
Insane	**مجنون**
Insanity	**جنون**
Permanent insanity	جنون دائم
Temporary insanity	جنون مؤقت
Insolvency	**إعسار**
Company insolvency	إعسار الشركة
Personal insolvency	إعسار شخصي
Insolvent	**معسر**
Inspect	**يفتش، يفحص، يعاين**
Inspection	**فحص، تدقيق**
Auditor's inspection	تدقيق المدقق
Judicial inspection	تدقيق قضائي
Inspector	**مفتش، فاحص**
Instable	**غير مستقر**
Instalment	**قسط دوري**
Instigate	**يحرض، يحض**
Institute	**يرفع دعوى، يعين**
Chartered Institute of Arbitrator	معهد المحكمين المعتمدين. معهد بريطاني غرضه دعم مهنة التحكيم وتأهيل المحكمين.
Institutionalization	**جعل الأمر مؤسسيا**
Institutionalize	**يجعل الأمر مؤسسيا**
Instrument	**مستند، تعليمات إدارية**
Global legally binding instrument	أداة ملزمة قانونا على المستوى العالمي
International legal instrument	أداة قانونية دولية

Insult	**يهين، يشتم، إهانة، شتيمة**
Insurance	**تأمين**
Liability insurance	تأمين لتغطية المسئولية
Management liability insurance	تأمين متصل بمسئولية الإدارة
Sharia-complaint insurance	تأمين متوافق مع الشريعة
Insure	**يضمن**
insured	**مؤمن له**
Insurer	**الضامن المؤمن**
Islamic insurer	مؤمن إسلامي
Intangible property	**أموال معنوية**
Integral	**متكامل**
Integrity	**نزاهة**
Business integrity	نزاهة العمل التجاري
Financial reporting integrity	نزاهة تقديم التقارير المالية
Intend	**ينوي، يقصد**
Intent	**نية، قصد**
Intention	**قصد، غاية**
Direct intention	غاية مباشرة
Oblique intention	غاية غير مباشرة
Intentional	**قصدي**
Interdiction	**حجر، وضع شخص تحت وصاية آخر**
Interest	**مصلحة، فائدة**
Business interest	مصلحة تجارية
Executive's material interest in transactions	مصلحة المدراء التنفيذيين المادية في العمليات التجارية. عندما يتم البحث عما إذا كان الموظف قد ارتكب فعلا ينطوي على تنازع مصالح أو عما إذا كانت هناك حالة تنازع مصالح على وشك التحقق، يتم تقييم مصلحة الموظف بالصفقة وما إذا كانت لديه مصلحة مادية أم غير مادية بها.
Immaterial interest	مصلحة غير مادية. عندما يتم البحث عما إذا كان الموظف قد ارتكب فعلا ينطوي على تنازع مصالح أو عما إذا كانت هناك حالة تنازع مصالح محتملة، تقيم مصلحة الموظف بالصفقة وما إذا كانت لديه مصلحة مادية أم غير مادية بها.
Material interest	مصلحة مادية. عندما يتم البحث عما إذا كان الموظف قد ارتكب فعلا ينطوي على تنازع مصالح أو عما إذا كانت هناك حالة تنازع مصالح محتملة، يقيم مصلحة الموظف بالصفقة وما إذا كانت لديه مصلحة مادية أم غير مادية بها.
Minority ownership interest	مصلحة ملك الأقلية. تعد مصلحة ملك الأقلية من الأمور المركزية التي لابد من حمايتها في حقل حوكمة الشركات.
Significant financial interest	مصلحة تجارية ذات وزن. عندما يتم البحث عما إذا كان الموظف قد ارتكب فعلا ينطوي على تنازع مصالح أو عما إذا كانت هناك حالة تنازع مصالح محتملة، يقيم مصلحة الموظف المالية بالصفقة وما إذا كانت ذات وزن أم لا.
Wrongful business interest	مصلحة تجارية غير سليمة
Interested	**ذو مصلحة**
Interfere	**يتدخل**
Interference	**تدخل**
internal	**داخلي، كامن**
Interpret	**يفسر، يؤول، يترجم**
Interpreter	**مفسر، مترجم**
Legal interpreter	مفسر قانوني، مترجم قانوني
Interpretation	**تفسير**
Constitutional interpretation	تفسير دستوري
Contract interpretation	تفسير العقد
Preferred interpretation of the constitution	التفسير المفضل للدستور
Statutory interpretation	تفسير القوانين المكتوبة
Interrogate	**يستجوب، يستنطق**
Interrogation	**استجواب**
Interrogator	**محقق، مستنطق**

Interrogatory	**استجوابي**
Interruption	**توقف، انقطاع**
Interstate	**بين الدول، عبر الدول**
Intervene	**يتدخل**
Intervenor	**متدخل**
Intervention	**تدخل، تدخل طرف آخر لم يكن طرفا في دعوى ليصبح طرفا فيها.**
Foreign intervention	تدخل أجنبي
International intervention	تدخل دولي
Intervention of right	تدخل بناء على وجود حق. تدخل طرف آخر في دعوى لم يكن طرفا فيها ليصبح طرفا وذلك تأسيسا على وجود حق أساسي له متصل بالدعوى.
Permissive intervention	تدخل سماحي. تدخل طرف آخر في دعوى لم يكن طرفا فيها ليصبح طرفا بناء على سماح المحكمة له بذلك.
Intimidate	**يخوف، يرعب**
Intimidation	**تخويف**
Bias-motivated intimidation	تخويف باعثه التحيز. تعد إثارة الحفائظ المؤسسة على التحيز شكلا من أشكال السلوك غير الأخلاقي لاسيما في مجال العمل.
Intimidator	**مُخَوِّف**
Introduce	**يقدم**
Introduction	**تقديم، عرض**
invalid	**غير صحيح، لاغ**
Invalidity	**عدم صحة**
Contract's invalidity	عدم صحة العقد
Contract's partial invalidity	عدم صحة جزئية للعقد
Invade	**يقتحم، يغزو**
Invader	**مقتحم**
Invasion	**تعد، عمل عدائي**
Military invasion	تعد عسكري
Privacy invasion	تعد على الخصوصية
Invasive	**اقتحامي**
Invent	**يخترع**
Invention	**اختراع**
Inventory	**جرد**

Invest	**يستثمر**
Investigate	**يحقق**
Investigation	**تحقيق**
Corruption investigation	تحقيق بشأن فساد
Money laundry investigation	تحقيق بشأن غسل أموال
Monopolistic practices investigation	تحقيق بشأن ممارسات احتكارية
Investigator	**محقق، تَحَرٍّ**
Certified forensic investigator	محقق طب شرعي معتمد
Criminal investigator	محقق جنائي
Forensic hypnosis investigator	محقق مختص بالتنويم المغناطيسي المستخدم في حقل الطب الشرعي
Intellectual property rights investigator	محقق مختص بحقوق ملكية فكرية
investment	**استثمار**
Investor	**مستثمر**
Islamic investor	مستثمر إسلامي
Private investor	مستثمر خاص
Shariah compliant investors	مستثمر ذو نهج متوافق مع الشريعة
Inviolable	**مصون**
Inviolability	**حصانة**
Invisible	**غير منظور، خفي**
Invitation	**دعوة**
Invitee	**مدعو**
Invoice	**يرسل إشعار سداد، يرسل فاتورة، يُفَوتر**
Inflated invoice	إشعار سداد مبالغ في قيمته
Invoicing	**تقديم إشعارات السداد**
Fraudulent invoicing	تقديم إشعارات السداد على نحو احتيالي
Invoke	**يتمسك بـ**
Involuntary	**غير إرادي**
Involve	**يشرك**
Irrecoverable	**لا يسترد**
Irregular	**غير قياسي، شاذ، غير طبيعي**
Irregularity	**عدم اتساق، عدم سلامة**
Irregularity of court proceedings	عدم سلامة إجراءات المحكمة
Irrelevancy	**خروج عن موضوع**

Irrelevant	**لا يتصل بالموضوع**
Irrevocable	**غير قابل للإلغاء**
Issuance	**صدور**
Bond issuance	صدور سندات
Issue	**يُصدِر**
	[في الإجراءات] موضوع نزاع، وجه خلاف (بين أطراف خصومة)، أدعية (بضم الهمزة وكسر العين وتشديد الياء)، ما يتداعى به أو يجعل موضوعاً لمحاجة.
Issue in fact	**منازعة الواقع، خلاف في الواقع: الخلاف الذي لا يتعرض للنقاط القانونية بل ينحصر في مسائل واقعية يعود البت فيها لهيئة محلفين jury.**
Issue in law	**منازعة قانونية**
Issues	**أموال أو أمتعة**
Material due diligence issues	موضوعات مادية ذات علاقة بالمراجعة الواجبة. موضوعات مادية جوهرية ومهمة تعلق بالمراجعة المراجعة بحيث لابد لتقرير المراجعة الواجبة أن يتناولها، أو موضوعات مادية أماطت المراجعة الواجبة اللثام عنها.
item	**بند، فقرة**

J

Jail	**سجن**
Jeopardize	**يُعرض للخطر**
Jeopardy	**خطر مُحيق**
Double jeopardy	تعبير مفاده عدم جواز محاكمة المتهم عن الجريمة عينها بناء على الوقائع عينها مرتين.
Job	**عمل، وظيفة**
Join	**يضم، ينضم**
Joinder	**ضم، اتحاد**
Joint	**متضامن، مشترك**
Joint and several	مجتمعون ومنفردون
Joint authorship	تأليف مشترك، ملكية أدبية مشتركة
Jointly	**بالتضامن**
Jointly and severally	**بالتكافل والتضامن**
Journal	**نشرة، نشرة علمية**
Judge	**قاضي**
Ad hoc judge	قاض خاص
Biased judge	قاض متحيز
Normal judge	قاض طبيعي. القاضي الذي ينص القانون على وجوب أن يمثل المتهم أمامه. ويعد حق المثول أمام القاضي الطبيعي من الحقوق الأساسية التي تنص عليها المواثيق العالمية.
Presiding judge	القاضي الذي يترأس الجلسة
Judgment	**حكم، قرار قضائي**
Appealable judgment	حكم يمكن استئنافه
Collective judgment	حكم جماعي
Consent judgment	حكم اتفاقي. حكم قضائي ملزم صادر في قضية بناء على توافق سابق بين الطرفين عليه.
Declaratory judgment	حكم تبييني. حكم قضائي ملزم صادر في دعوى مدنية مفاده تبيين حقوق أي من الطرفين وواجباته والتزاماته.
Default judgment	حكم بناء على الإخلال. حكم قضائي ملزم لصالح المدعي بناء على عدم استجابة المدعى عليه لاستدعائه للمثول أمام المحكمة.
Final judgment	حكم نهائي
Groundless judgment	حكم مفتقر لأرض
Harsh judgment	حكم قاس
Incontestable judgment	حكم لا يمكن تحديه (معارضته)
Judgment by default	حكم غيابي
Judicial judgment	حكم قضائي
Lenient judgment	حكم متساهل
Misguided judgment	حكم أخطأ الوجهة
Non appealable judgment	حكم لا يمكن استئنافه
Objective judgment	حكم قضائي موضوعي
Reserved judgment	حكم محجوز. حكم يرجئ القاضي إصداره لحين الانتهاء من النظر في القضية، وهو يظل كذلك حتى يتم نشره.
Subjective judicial judgment	حكم قضائي متحيز
Summary judgment	حكم صادر عن القاضي فيما يتصل بجوهر القضية أو جزء منها دون إجراء محاكمة كاملة.
Unfounded judgment	حكم مفتقر لأساس
Value judgment	حكم قِيَمي
Void judgment	حكم بلا أثر
Judgmental	**حكمي**
Judicial	**قضائي**
Judicial award	حكم قضائي
Judicial decision	قرار قضائي
Judicial opinion	رأي قضائي
Judicial proceeding	إجراء قضائي
Judiciary	**القَضاء**
Civil judiciary	قضاء مدني
Criminal judiciary	قضاء جنائي
Military judiciary	قضاء عسكري
Global judiciary	قضاء عالمي
Juration	**حلف اليمين**
Jurator	**محلف، عضو في هيئة محلفين**
Juridical	**قضائي**

الاختلافات والثغرات بين الاختصاصات القضائية على نحو يسمح له بالانتقال إلى بلد لا يمكن أن تطاله فيه يد القانون الخاصة ببلد آخر.

Virtual jurisdiction اختصاص منبثق عن العالم المجازي

Jurisdictional **اختصاصي**

Jurisdictions **اختصاصات**

Civil law jurisdictions نظم القانون المدني

Common law jurisdictions نظم القانون العام

Common law-based criminal law jurisdictions نظم القانون الجنائي المؤسس على القانون العام

Jurisprudence **فقه، علم الحقوق**

Islamic jurisprudence فقه إسلامي

Jurist **فقيه، حقوقي**

Islamic jurist فقيه إسلامي

Sharia jurist فقيه شرعي

Juristic **فقهي**

Juror **مُحَلَّف**

Jury **هيئة المُحَلَّفين**

Juryman **محلف، عضو في هيئة محلفين**

Jurywoman **محلفة**

Just **عادل، صحيح**

Just cause **سبب عادل**

Justice **عدالة**

Commercial justice عدالة تجارية

Economic justice عدالة اقتصادية

Environmental justice عدالة بيئية. التعامل مع البيئة بإنصاف ودون طغيان.

Retributive justice عدالة عقابية

Justiceship **مستشارية، مستشارية قضائية**

Justification **مبرر، عذر محل**

Justified **معذور، يقوم على سبب**

Juridical person شخص اعتباري

Jurisdiction **اختصاص، ولاية قضائية**

Diversity jurisdiction اختصاص مختلط. اختصاص تتمتع به محاكم مدنية بالولايات المتحدة يجعلها تستمع لدعاوى مدنية يحمل أطرافها جنسيات مختلفة.

Electronic jurisdiction اختصاص إلكتروني

Extraterritorial jurisdiction اختصاص مجاوز للإقليم. قدرة السلطة في بلد ما على مد سلطانها ونفوذها وصلاحياتها القانونية خارج حدودها.

Federal jurisdiction اختصاص فيدرالي

Global jurisdiction اختصاص عالمي

International jurisdiction اختصاص دولي

Jurisdiction in outer space اختصاص في الفضاء الخارجي

Personal jurisdiction اختصاص شخصي

Removal jurisdiction اختصاص النقل. وفق القانون الأمريكي، هو حق المتهم في أن ينقل دعوى تنظرها محكمة ولاية إلى محكمة فيدرالية.

Subject matter jurisdiction اختصاص موضوعي. اختصاص محكمة معينة بالاستماع إلى دعاوى ذات نوع معين، فتستمع - مثلا - محاكم الإفلاس إلى دعاوى الإفلاس فحسب.

Temporal jurisdiction اختصاص زمني. تعبير يطلق على صلاحيات رجال الدين في بعض الأديان أن يمتد سلطانهم إلى النطاق الأرضي وليس النطاق الروحاني فحسب.

Territorial jurisdiction اختصاص نطاقي

Universal jurisdiction اختصاص عالمي. قدرة إدارة بلد ما على محاكمة شخص ارتكب جرما خارج حدود البلد بغض النظر عن جنسية المتهم أو بلد إقامته، تأسيسا على أن الجرم الذي اتهم بارتكابه هو جرم ضد الكل. وبطبيعة الحال، فإن هذا المبدأ يمنع المتهم من الاستفادة من

K

Keep **يحفظ، يصون**
Keep in repair **يحفظ في حالة جيدة**
Key **مفتاح، أساسي**
Kidnap **يخطف**
Kidnapper **خاطف**
Serial kidnaper تعبير يطلق على الخاطف الذي يرتكب سلسلة من جرائم الخطف المتوالية
Kidnapping **خطف**
Kill **يقتل**
Killer **قاتل**
Hired killer قاتل مأجور
Killers **قتلة**
Comfort killers قتلة الدعة. نوع من القتلة من أصحاب نزعة القتل المتكرر الذي يتوخون من قتلهم الحصول على المال بغية عيش حياة رغدة.
Hedonistic killers قتلة يتلذذون بالقتل. ويقسم المختصون بالطب الشرعي هذا النوع من القتلة إلى قتلة رغبة وقتلة دعة وقتلة ترويع.
Lust killers قتلة الرغبة. قتلة يقدمون على القتل المتتابع بناء على دوافع تتصل برغبة في ارتكاب أفعال شهوانية.
Mission-oriented killers قتلة المهمة العظيمة. قتلة يقدمون على القتل المتتابع بناء على شعورهم بأنهم يخدمون بفعلهم هذا قضية جليلة، وربما أنهم يخلصون العالم من شرور ضحاياهم.
Power killers قتلة السلطة. قتلة يقدمون على القتل المتتابع بناء على شعورهم بالسلطان أمام ضحاياهم الذين عادة ما يكونون أصغر عمرا أو أضعف جسدا.
Repeat killers قتلة من أصحاب العَـوْد
Serial killers قتلة يقتلون عددا من الضحايا على نحو متتابع.
Spree killers قتلة يقتلون عددا من الضحايا قتلات متتابعة لا يفصل بينها فاصل زمني.
Thrill killers قتلة الترويع. نوع من القتلة ذوو نزعة القتل المتتابع الذين يتوخون ترويع ضحاياهم قبل قتلهم ويتلذذون بذلك.
Killing **قتل**
Perpetrated killing قتل مُدبَّر
Kin **قريب، قرابة دم**
King **ملك**
Kingdom **مملكة**
Knight **فارس، مرتبة فارس**
Know **يعلم، يدرك**
Know how **دراية فنية**
knowingly and willfully **عن علم وقصد**
Knowledge **علم، معرفة**
Cultural knowledge معرفة ثقافية. مجمل العلوم والمعارف المتعلقة بثقافة المجتمع.
Customary knowledge معرفة عرفية. معرفة تناقلتها الأجيال بعد أن اتخذت قالب العرف المتبع.
Heritage Knowledge معارف تراثية. مجمل ما تراكم عبر العصور وتناقلته الأجيال من خبرات، ومن تطبيقاتها العلوم المتعلقة بطريقة إنبات بعض النباتات والتي تعدها معظم القوانين ممتلكاً فكرياً لأصحابها الأصليين. كما تلزم بعض القوانين القائمين على تربية الأصناف النباتية الذين يستغلون تلك المعارف التراثية أن يتعهدوا باحترامها كمصادر لما يكونون قد توصلوا إليه من إنجاز وأن يفصحوا عن ذلك للجهات المعنية، كما تلزمهم باقتسام العوائد التي يحققونها مع أصحاب هذه المعارف.

Indigenous peoples' knowledge	معرفة خاصة بشعوب محلية
Knowledge as an input in the production of knowledge	المعرفة بحسبانها مكوناً في إنتاج المعرفة
Libre knowledge	معرفة حرة. شعار مفاده وجوب جعل المعرفة حرة من أي قيود بما في ذلك قيود الملكية الفكرية يطالب مناهضو الملكية الفكرية وأنصار تحرير العلم والمعرفة به.
Public knowledge	معارف عامة
Stolen knowledge	معرفة مسروقة
Traditional knowledge	معرفة تقليدية. مجمل العلوم والمعارف والابتكارات والممارسات الخاصة بالمجتمعات التقليدية والأصيلة والمحلية، والتي تراكمت عبر العصور وتناقلتها الأجيال على نحو تلقائي وتجلت في شكل عادات وأعراف وممارسات وطقوس وطرائق وممارسات ذات طابع مادي و/أو معنوي. ونظراً لكون المعرفة التقليدية تعد ممتلكا فكرياً ذا قيمة كبرى لأصحابها وقيمة نوعية للإنسانية، وفي ضوء ما تعرضت له خلال القرون الماضية من تعديات واستيلاء غير شرعي وانتهاك، فقد سعت المنظمة العالمية للملكية الفكرية لحماية حقوق الملكية الفكرية المنبثقة عن تلك المعارف التقليدية.
Known	**معروف، مشهور**

L

LL.B.	**درجة بكالوريوس قانون، بكالوريوس في الحقوق**
LL.D.	**دكتور في القانون**
LL.M.	**أستاذ في الحقوق، ماجستير حقوق**
Label	**يضع بطاقة تعريفية، يسم، بطاقة تعريفية**
Pejorative label	وصف انتقاصي
Labeling	**وضع بطاقة تعريفية، وصف، تسمية**
Deceptive labeling	وضع بطاقات تعريفية ملصقة خادعة.
Truthful labeling	وضع بطاقات تعريفية ملصقة معبرة عن الحقيقة.
Untruthful labeling	وضع بطاقات تعريفية ملصقة غير معبرة عن الحقيقة
Labour	**عمل**
Child Labour	عمالة الأطفال
Forced Labour	عمالة إجبارية
Labour dispute	منازعات العمل
Labour union	نقابة عمال
Non-slave Labour	عمالة لا تنطوي على عبودية. عمالة ليس فيها سخرة ولا شروط عمل تعسفية تحرم العامل من حقوقه. وتقوم حركات ومنظمات عالمية بالمطالبة بتعميم الضوابط الكفيلة بانتشار وتطبيق مفاهيم العمالة التي لا تنطوي على عبودية مثل حركة المنتج الحر.
Unionized Labour	عمالة مؤطرة ضمن إطار اتحادي
Laches	**تأخير، تراخي**
Lack	**يفتقر إلى**
Lack of	انعدام
Lack of capacity	انعدام الأهلية
Lack of capacity to contract	افتقار الأهلية للتعاقد
Lack of capacity to sui	انعدام الأهلية لمقاضاة الغير
Lack of evidence	افتقار الدليل
Lack of jurisdiction	انعدام الاختصاص
Lack of motive	انعدام الدافع
Lack of title	انعدام الصفة
Land	**أرض، عقار**
Land tax	ضريبة أراض
No man's land	أرض غير مملوكة لبشر
Occupied land	أرض محتلة
Private land	أرض خاصة
Landlord	**مالك، صاحب عقار**
Language	**لغة**
Abusive language	لغة مسيئة
Body language	لغة الجسد
Injurious language	لغة جارحة
Language of arbitral proceedings	لغة الإجراءات التحكيمية. اللغة التي سيتم بها تسيير إجراءات التحكيم الشفهية والكتابية. وقد يتفق أطراف التحكيم سلفا على لغة إجراءات التحكيم وكيفية تعامل المحكمين مع المستندات المكتوبة بلغة أخرى، وقد يتم يترك ذلك للمحكمين، وقد تحدده قواعد التحكيم.
Threatening language	لغة تهديدية
Lapse	**ينقضي، يزول، انقضاء، زوال**
Large	**كبير، ضخم**
Late	**متوفي، متأخر**
Latent	**كامن، باطني**
Latent defect	عيب خلقي
Latter	**الأخير من حيث الترتيب**
Launderer	**غاسل، القائم بعملية الغسل**
Money launderer	القائم بعملية غسل الأموال
Laundering	**غسل**
Money laundering	غسل أموال
Law	**قانون، شرعة**
Admiralty law	القانون البحري
Applicable law	القانون واجب التطبيق
Arbitration law	قانون التحكيم. هو مجموعة من النصوص والمواد القانونية التي تسري وتطبق على الموضوعات أو

	المنازعات المطروحة أمام هيئة محكمين. وفي بعض الأنظمة القانونية يكون قانون التحكيم مستقلا، وفي بعض الأحيان يكون جزءا من قوانين المرافعات.
Business law	القانون التجاري
Canon law	مجموعة القوانين والقواعد التي تنظم أوضاع وعمل الكنيسة الكاثوليكية المسيحية.
Collaborative law	القانون التعاوني. عملية قانونية لحل وتسوية النزاعات الأسرية بالتعاون مع محاميهم لتجنب أية قرارات غير متوقعة و/أو مأمولة من جانب المحكمة.
Comparative law	قانون موازن. قانون يتم عقد الموازنة بينه وبين قوانين أخرى. عنوان لمساق قانوني نمطي وهو مساق دراسات النظم القانونية التي تمة أساس لعقد الموازنة بينها.
Customary international law	القانون العرفي الدولي
Customary law	قانون عرفي
Divine law	قانون إلهي
Domestic law	قانون محلي
Effective law	قانون سارٍ
European Union law	قانون الاتحاد الأوروبي
Expired law	قانون منتهي الصلاحية
Governing law	القانون الحاكم
Human rights law	قانون حقوق الإنسان
International criminal law	القانون الدولي الجنائي
International human rights law	قانون حقوق الإنسان الدولي
International humanitarian law	القانون الدولي الإنساني
International law	القانون الدولي
Islamic law	قانون إسلامي
Issued law	قانون صادر
Law maker	واضع القانون، مشرع
Law of Nations	قانون الأمم
Law of obligations	قانون الالتزامات. يعد قانون الالتزامات جزءا من القانون المدني.
Law society	جمعية محامين، نقابة محامين
Maritime law	القانوني البحري
Media law	قانون الإعلام
Military law	القانون العسكري
National law	القانون الوطني
Natural law	القانون الطبيعي. مجمل القوانين والقواعد القانون التي تستلهم من الطبيعة وأحكامها والتي ينظر لها على أنها أصلية وهو ما يجعلها قابلة للتطبيق في كل مكان.
Pertinent law	القانون المعني
Positive law	قانون إيجابي. مجمل القوانين والقواعد التي تنشئ حقا جديدا، وهو ما يجعل مفهوم القانون الإيجابي معاكسا لمفهوم القانون الطبيعي.
Private international law	القانون الخاص الدولي
Promulgated law	قانون منشور
Property law	قانون الأملاك. مجموعة القوانين والقواعد التي تنظم أوضاع الأملاك الثابتة غير المنقولة.
Public international law	القانون العام الدولي
Public law	القانون العام
Refugee and immigration law	قانون اللاجئين والهجرة
Relevant law	القانون ذو الصلة
Sacred law	قانون مقدس
Shari'a law	قانون منبثق من الشريعة
Space law	قانون الفضاء
Statutory law	القانون المكتوب. يعد مفهوم القانون المكتوب معاكسا لمفهوم القانون العرفي.
UNCETRAL Model Law	قانون اليونسترال النموذجي. قانون نموذجي منظم للتحكيم التجاري الدولي أصدرته مفوضية الأمم المتحدة بشأن قانون التجارة العالمية.
Unconstitutional law	قانون غير دستوري. قانون ينطوي على عوار تشريعي نظرا لكونه يناقض الدستور الذي يعد في مرتبة أعلى من القوانين.
Lawful	**قانوني، مباح**

Lawless	**خارج على القانون، غير قانوني**
Lawlessness	**الافتقار للقانون**
Laws	**قوانين**
Aboriginal laws	قوانين أصيلة
Criminal penalty-enhancement laws	قوانين تغليظ العقوبات الجنائية
Emergency laws	قوانين طوارئ
Gender biased laws	قوانين متحيزة للنوع
Hate crimes laws	قوانين الجرائم المدفوعة بالكراهية
Indigenous laws	قوانين محلية
Laws of war	قوانين الحرب
Privacy laws	قوانين الخصوصية
Traditional laws	قوانين تقليدية
Uniform worldwide laws	قوانين موحدة عالميا
Corporate governance legalities	قانونيات الحوكمة المؤسسية
Lawsuit	**دعوى قضائية**
Lawyer	**محام**
Contract lawyer	محامي عقود
Corporate lawyer	محامي مؤسسي، محامي شركات
Criminal lawyer	محام جنائي
Disability lawyer	محامي مختص بمسائل العجز
Disbarred lawyer	محام مشطوب من نقابة المحامين
Divorce lawyer	محام مختص بالطلاق
Engaged lawyer	محام ارتبطت الشركة معه بعقد ارتباط
Immigration lawyer	محامي هجرة
In house lawyer	محام داخلي
International corporate lawyer	محامي شركات دولي
Labor lawyer	محامي عمال. محامي مختص بقضايا العمال.
Litigation lawyer	محام مختص بالتقاضي
Oil and gas lawyer	محامي نفط وغاز
Patent lawyer	محامي براءات
Retained lawyer	محام مُستبقى
Trial lawyer	محامي مرافعات. محام مختص بالترافع أمام المحاكم.
Lay days	**الأيام التي تمدد لتفريغ السفينة أو** تحميلها بالبضائع
Lay out	**الهيئة الخارجية**
Lead	**يقود، يترأس**
Lead to	**يؤدي إلى**
Leading case	**قضية تسفر عن تقرير مبادئ قانونية جديدة**
league	**عصبة**
Lease	**إيجار، يؤجر**
leave	**يترك، يغادر، إجازة**
Legal	**قانوني، شرعي**
Legal entity	كيان قانوني، كيان اعتباري
Legality	**قانونية، مشروعية**
Legalize	**يصدق، يوثق**
Legalization	**تصديق، توثيق**
Legalized	**مصدق، موثق**
Legislate	**يشرع، يسن القوانين**
Legislation	**تشريع، سن القوانين**
Anti-discrimination legislation	تشريع مناهض للتمييز
Cyber-security legislation	تشريع بشأن أمن مجال الحاسوبيات المرتبطة شبكيا
Devine legislation	تشريع إلهي
Discriminatory legislation	تشريع تمييزي
Disproportionate legislation	تشريع غير متناسب
Gender equality legislation	تشريع لتكريس المساواة بين الذكر والأنثى
Global legislation	تشريع عالمي
Green legislation	تشريع أخضر. تشريع معزز للبيئة.
Ideology-driven legislation	تشريع تقوده الأيديولوجيا
Panic-driven legislation	تشريع يقوده الرعب
Privacy legislation	تشريع بشأن الخصوصية
Religion-based legislation	تشريع مؤسس على الدين
Sharia-based legislation	تشريع منبثق من الشريعة
Unconstitutional legislation	تشريع غير دستوري
Legislative	**تشريعي**
Legislative power	**سلطة تشريعية**
Legislator	**مشرع**
Legislators	**مشرعون، مشترعون، أعضاء هيئة التشريع**

Global legislators	مشرعون عالميون. خبراء قانونيون مختصون بالتشريع على المستوى العالمي لاسيما فيما يتصل بأعمال المؤسسات ذات الطابع العالمي، والذين لابد أن تتوافر لديهم دراية كافية فيما يتصل بالدستورية العالمية.
Legislature	**هيئة تشريعية**
Legitimacy	**مشروعية**
Corporate legitimacy	مشروعية شركةٍ
Ideological legitimacy	مشروعية أيديولوجية
Political legitimacy	مشروعية سياسية
Legitimate	**شرعي، قانوني**
Legitimation	**إسباغ الشرعية**
Legitimist	**مناصر للسلطة الشرعية**
Legitimization	**إسباغ الشرعية**
Legitimize	**يسبغ عليه الشرعية**
Legitimizer	**مسبغ للشرعية**
Legitimized	**مُسبغٌ عليه الشرعية**
Lend	**يعير، يقرض**
Lender	**مقرض**
Lessee	**مستأجر**
Lessor	**مؤجر**
Let	**يعطي، يؤجر**
Letter	**رسالة، خطاب**
Binding letter of intent	خطاب نوايا ملزم
Conditional letter of guarantee	خطاب ضمان مشروط
Documentary letter of credit	كتاب اعتماد مستندي
Letter of credence	كتاب اعتماد سفير
Letter of credit	خطاب اعتماد
Letter of guarantee	خطاب ضمان
Letter of intent	خطاب نوايا. رسالة للتعبير عن نية طرف في إبرام تعاقد مع طرف آخر. وتنتشر خطابات النوايا في عمليات الاستحواذ ،وتأتي في مقدمة الأوراق التي تحريرها للتدرج في الصفقة.
Letter of interest	خطاب للتعبير عن الاهتمام. رسالة للتعبيرعن الاهتمام بإبرام صفقة.
Letter of readiness	خطاب للتعبير عن الاستعداد. عن الاستعداد لإبرام صفقة رسالة للتعبير لاسيما على فيما يتصل بالاستعداد لتحمل كلفة الصفقة.
Letter of wishes	خطاب للتعبير عن الرغبة. رسالة للتعبير عن الرغبة في إبرام صفقة.
Non binding letter of intent	خطاب نوايا غير ملزم
The letter of the law	حَرْفية القانونية
Unconditional letter of guarantee	خطاب ضمان غير مشروع
levy	يقتطع ضريبة أو رسم
Lex	**قانون، شريعة**
Lex domicilii	**قانون الموطن**
Les fori	**قانون المحكمة**
Lex loci	**قانون المحل، قانون مكان حدوث الجرم**
Lex loci actus	**قانون محل الفعل**
Lex loci contractus	**قانون محل العقد**
Lex loci delictus	**قانون محل الجرم**
Lex loci domicilii	**قانون محل الإقامة**
Lex loci rei sitae	**قانون موقع المال**
Lex mercatoria	**قانون التاجر، قانون التجارية الدولية العرفي**
Lex rei sitae	**قانون موقع المال**
liability	**مسؤولية قانونية**
Liable	مسئول قانوناً
Jointly and severally liable	مسئولون بالتضامن والتضامم
Liability	مسئولية قانونية، تَعرُّض لـ دين، عبء
Chief Executive Officer liability	مسئولية كبير المدراء التنفيذيين
Civil liability	مسئولية مدنية
Contractual liability	مسئولية تعاقدية
Criminal liability	مسئولية جنائية
Limited liability	مسئولية محدودة
Non-contractual liability	مسئولية غير تعاقدية
Obesity liability	المسئولية عن السمنة. تعبير يطلق على المسئولية القانونية المترتبة على عاتق صانعي الأغذية المسببة للسمنة.
Post-hiring liability	مسئولية ما بعد التعيين
Product liability	المسئولية عن المنتج

Several liability	مسئولية تضامنية
Tortious liability	مسئولية عن الخطأ. مسئولية ناشئة عن إهمال تجاه الغير ممن ليست هناك رابطة تعاقدية معهم.
Liabilities	**مسئوليات قانونية، أعباء**
Foreseeable liabilities	أعباء مستشرفة
Libel	**يقذف، يشهر بالغير**
Libelous	**تشهيري**
Liberal	**حر، غير مقيد**
Liberalism	**ليبرالية، تحررية**
Legal liberalism	ليبرالية قانونية، تحررية قانونية
Liberty	**حرية**
License	**رخصة، إذن، إجازة**
Creative Commons license	ترخيص العموم المبدع. ترخيص يقوم صاحب العمل الفكري بمنحه للغير لاستعمال العمل الفكري وفق نماذج تراخيص منظمة العموم المبدع التي تتسم بكونها تراخيص مرنة واسعة النطاق تستلهم فكرة تعزيز سلاسة تبادل المعرفة وحركة الفكر ومواجهة التقييدات المبالغ فيها التي ينطوي عليها نظام الملكية الفكرية التقليدي حسبما ترى المنظمة.
Exclusive license	ترخيص حصري
Irrevocable license	ترخيص غير قابل للرجوع فيه
License to manufacture	ترخيص للتصنيع
License to reproduce	ترخيص لإعادة الإنتاج
License to use	ترخيص للاستعمال
Limited license	ترخيص محدود
Non-exclusive license	ترخيص غير حصري
Non-negotiated license	ترخيص غير قابل للتفاوض
Non-sub licensable license	ترخيص غير قابل للترخيص من الباطن
Non-transferable license	ترخيص غير قابل للتحويل
Non-waverable license	ترخيص غير قابل للتنازل عنه
Open source license	ترخيص صادر وفقا لنموذج مبادرة المصدر المفتوح. ترخيص شديد المرونة ويعطي صلاحيات واسعة للمرخص له يختلف عن الترخيص التقليدي المؤسس على نظام حق النشر التقليدي، قامت بإعداده والترويج له مبادرة المصدر المفتوح.
Perpetual license	ترخيص دائم
Revoacable license	ترخيص قابل للرجوع فيه
Royalty-baring license	ترخيص مدر للإتاوة
Royalty-free license	ترخيص بلا إتاوة
Shrink-wrap license	ترخيص نزع الغلاف. ترخيص غير قابلة للتفاوض توضع داخل غلاف بعض المنتجات الحاسبية. ويعد مجرد نزع الغلاف موافقة على الترخيص.
Sub-licensable license	ترخيص قابل للترخيص من الباطن
User-content license	ترخيص للمستعمل بوضع محتوى
Waverable license	ترخيص قابل للتنازل عنه
Worldwide license	ترخيص عالمي النطاق
Licensed	**مرخص، مرخص له**
Licensee	**المرخص له**
Potential patent licensees	مرخص لهم محتملون لاستخدام البراءات
Licensing	**ترخيص، إصدار ترخيص أو رخصة**
Licensor	**المُرَخِّصْ، مانح الترخيص**
Lien	**امتياز، رهن**
Lienee	**مدين راهن**
Lienor	**مدين مرتهن**
Life	**حياة**
Life policy	**وثيقة تأمين على الحياة**
Life sentence	**الحكم بالسجن مدى الحياة**
Likelihood	**احتمال، إمكان**
Likely	**محتمل، متوقع**
Likewise	**كذلك، بالمثل**
Limit	**حد، نهاية**
Limitations	**تقييد، مدة سقوط (تقادم)**
Limited	**محدد**
Limited liability	مسؤولية محدودة
Limited partner	شريك موص
Limited partnership	شركة توصية
liner	**سفينة خطية (منتظمة الرحلات إلى درجة معينة)**

Liquidate	**يصفي، يصفي شركة**
Amicable liquidation	تصفية ودية
Liquidated	**مقرر**
Liquidated damages	تعويض مقدر سلفاً
Liquidation	**تصفية، إقفال حساب**
Compulsory liquidation	تصفية إجبارية
Voluntary liquidation	تصفية طوعية
Liquidator	**مُصَفٍّ**
Court appointed liquidator	مُصَفٍّ مُعين من قبل المحكمة
Liquidity	**سيولة**
Literal	**حرفي، ظاهر**
Litigate	**يقاضي**
Litigation	**تقاضٍ**
Amicably settled litigation	تقاضٍ تمت تسويته وديا
Civil litigation	تقاضٍ مدني
Criminal litigation	تقاضٍ جنائي
Obesity-related litigation	تقاضٍ متصل بالسمنة. نزاع قضائي منبثق عن إصابة شخص بالسمنة واتهامه جهة من الجهات ـ مثل صانعي الأطعمة السريعة ـ بالتسبب في ذلك.
Litigator	**مُتقاضٍ**
Litigious	**كثير التقاضي**
Loan	**يقرض، قرض**
Extinguished Loan	قرض مطفأ. قرض تم سداده
Outstanding loan	قرض غير مسدد
Rescheduled loan	قرض أعيدت جدولته
Restructured loan	قرض أعيدت هيكلته
Unextinguished loan	قرض غير مُطفأ. قرض لم يتم سداده.
Loan for consumption	**قرض استهلاك**
Loan for use	**قرض استعمال**
Lobby	**يقوم بالاستمالة العامة، تجمع للاستمالة العامة، لوبي. تجمع يتوخى تحقيق مصالح فئة من الفئات من خلال الضغط العام والسياسي على صانعي القرار والقوانين لإصدار التشريعات والقوانين وانتهاج السياسات التي تحقق هذه الغاية.**
Lobbying	**استمالة عامة**
Unlawful lobbying	استمالة عامة غير قانونية. استمالة عامة تنطوي على أعمال مجرمة قانونا مثل الرشوة والابتزاز.
Local	**محلي، مكاني**
Locate	**يعين، يحدد**
Location	**موقع، مكان**
Lockout	**إغلاق العمل (إضراب عمال)**
Logo	**لوجو**
Deceptive logo	لوجو منطوٍ على خداع
Lord	**لورد، لقب نبل عند الإنجليز**
Lordship	**سيادة (لقب للقضاة في المحكمة العليا)**
lose	**يخسر، يتلف**
Loss	**خسارة، ضياع، تلف**
Consequential loss	خسارة تبعية
Direct loss	خسارة مباشرة
Indirect loss	خسارة غير مباشرة
Intangible loss	خسارة غير ملموسة
Loss of bargain	تعبير يطلق على الكسب الفائت نتيجة لإخلال من قبل الغير.
Loss of legitimacy	فقدان الشرعية
Reasonably foreseeable loss	خسارة متوقعة توقعا معقولا
Loyal	**وفي، صادق**
Loyalty	**إخلاص، أمانة**
Lump sum	**مبلغ إجمالي**
Lunatic	**مجنون**

M

Made	**تم، أبرم، وقع، حرر**
Madhab	**مذهب**
Hanafi Madhab	المذهب الحنفي. مذهب فقهي شرعي منسوب للإمام أبي حنيفة النعمان.
Hanbali madhab	المذهب الحنبلي. مذهب فقهي شرعي منسوب للإمام أحمد بن أحمد.
Maliki madhab	المذهب المالكي. مذهب فقهي شرعي منسوب للإمام مالك.
Shafi'e madhab	المذهب الشافعي. مذهب فقهي شرعي منسوب للإمام الشافعي.
Madhabs	**مذاهب**
Four traditional madhabs	المذاهب الفقهية الأربعة التقليدية
Magistrate	**موظف عمومي، قاض صلح**
Main	**رئيسي، أساسي**
Maintain	**يصون، يصلح، يعول، ينفق**
Maintenance	**إعالة، إنفاق، نفقة، رعاية**
Major	**رشاد، جسيم، كبير، أساسي**
Majoritarian	**شخص يؤمن بمبدأ تغليب رأي الأغلبية**
Majoritarianism	**مذهب يقول بوجوب تغليب رأي الأغلبية**
Majority	**أغلبية، أكثرية، سن الرشد**
Make	**ينشئ، يحرر، يؤدي**
Make available	يدفع، يعطي
Maker	**صانع**
Law maker	صانع القانون
Decision maker	صانع القرار
Makers	**صناع**
Constitution makers	واضعو الدستور
Making	**صناعة**
Decision-making	صناعة القرار
Judicial decision-making	صناعة القرار القضائي
Law making	صناعة القانون
Mal	**سوء، سيء**
Mala fides	**نية سيئة، سوء نية**
Malconduct	**سوء سيرة، انحراف بالسلوك**
Malefaction	**فعل سيء، إثم**
Malfeasance	**فعل سيء، فعل غير قانوني**
Malice	**إصرار على سوء، قصد إحداث الأذى والضرر**
Malicious	**إيذائي، عمدي**
Malicious act	**ضرر كيدي**
Malicious arrest	**قبض كيدي**
Malicious falsehood	**افتراء إيذائي**
Maliciousness	**كيد، تعمد الأذى**
Malpractice	**سوء تصرف (مهني)**
Management	**إدارة**
Conflict of interest management	إدارة تنازع المصالح
Contractual risk management	إدارة المخاطرات التعاقدية
Disaster management	إدارة الكوارث
Emergency management	إدارة الطوارئ
Legal affairs management	إدارة الشئون القانونية
Legal risk management	إدارة المخاطرات القانونية
Legal spending management	إدارة الإنفاق القانوني
Liability risk management	إدارة مخاطر الأعباء
Procurement risk management	إدارة مخاطر المشتريات
Safety management	إدارة الأمان
Strategic legal risk management	إدارة المخاطر القانونية الإستراتيجية
Manager	**مدير**
Compliance manager	مدير توافق
Legal affairs manager	مدير شئون قانونية
Legal manager	مدير قانوني
Senior Legal manager	مدير قانوني أول
Mandate	**تفويض، انتداب، تكليف، أمر، توكيل**
Shareholders' mandate	لائحة المساهمين. اللائحة المنظمة لعمل المساهمين.
Shareholders' mandate for related party transactions	لائحة المساهمين بشأن الصفقات المبرمة مع الأطراف ذات العلاقة.

Mandatory	**إلزامي، إجباري**
Manifest	**جلي، لا جدال فيه**
Manipulation	**تلاعب**
Standard manipulation	تلاعب في المستوى القياسي. يعد التلاعب في المستويات القياسية جريمة تجارية.
Manner	**طريقة، هيئة**
Manslaughter	**قتل خطأ**
Manuscript	**مخطوط، محرر**
Marine	**بحري، متعلق بأنشطة الملاحة البحرية**
Marine carrier	ناقل بحري
Marine contract	عقد بحري
Marine insurance	تأمين بحري
Maritime	**بحري**
Maritime contract	عقد بحري
Maritime court	محكمة بحرية
Maritime law	قانون بحري
Maritime lien	امتياز بحري
Maritime loan	قرض بحري
Marja'i	**مرجع**
Marja'i dini	مرجع ديني
Marja'i taqlid	مرجع تقليد
Market	**يسوق، سوق**
Legal market	السوق القانوني. حجم الفرص المتاحة أمام المشتغلين بالقانون والمحاماة والأطر البديلة لتسوية النزاعات والأعمال القانونية ذات الصلة لأن تسند لهم أعمال.
Regulated market	سوق منظم تنظيما قانونيا
Unregulated market	سوق غير منظم تنظيما قانونيا
mark	**علامة، علامة حدود وهمية**
Marketing	**تسويق**
Law firm marketing	تسويق مؤسسة الاستشارات القانونية
Legal marketing	تسويق قانوني. سعي العاملين والمشتغلين بالقانون والمحاماة والأطر البديلة لتسوية النزاعات والأعمال القانونية ذات الصلة لإقناع العملاء بالسوق لإسناد أعمال قانونية لهم.
Manipulative marketing	تسويق تلاعبي. تسويق ينطوي على تلاعب واحتيال.
Marriage	**زواج**
Customary marriage	زواج عرفي
Notarized marriage	زواج موثق
Void marriage	زواج باطل
Martial law	**الأحكام العرفية، قانون عرفي**
Massacre	**مذبحة، مجزرة**
Master	**سيد، رب عمل، متبوع**
Master and servant	رب عمل وموظف، متبوع وتابع
Master of a ship	ربان السفينة
Master of the rolls	رئيس محكمة الاستئناف في انجلترا
Material	**جوهري، موضوعي، أساسي**
Material evidence	بينة جوهرية
Material fact	واقعة جوهرية
Maternity	**أمومة**
Matrix	**أصل محرر قانوني، مبدأ قانوني**
Authority matrix	جدول السلطات. جدول تعده إدارات الشركات يحدد هرم السلطات وصلاحيات المدراء الكبار ورئيس مجلس الإدارة والعضو المنتدب ومجلس الإدارة والجمعية العامة العادية وغير العادية.
Matter	**مسألة، موضوع، دعوى**
Matter of fact	مسألة واقع
Matter of form	مسألة شكل
Matter of law	مسألة قانون
Maturity	**استحقاق حلول ميعاد سداد الدين أو الوفاء**
Mayhem	**فوضى، تعطيل، تشويه مستديم**
Economic mayhem	فوضى اقتصادية
Mayor	**رئيس بلدية**
Meaning	**معنى، مغزى، قصد**
Means	**وسيلة، سبل، مصدر**
Measures	**قياس، إجراء**
Conservatory and interim measures	إجراءات تحفظية ووقتية
Mechanism	**آلية**
Arbitration mechanism	آلية التحكيم. هي كيفية أداء

	مهمة التحكيم وحل وتسوية النزاعات، والخطوات والإجراءات المتبعة، سواء من ناحية الاتفاق عل التحكيم كبند أساسي بين الأطراف أو تحديد الجهات التي تتولى التحكيم أو اللغة أو تعين المحكمين أو المواعيد أو سداد الرسوم أو تقديم المستندات، وحضور الجلسات، وحتى صدور الحكم النهائي الذي يحوز حجية الأمر المقضي به، الملزم للطرفين الواجب التنفيذ في سرية تامة، وكل ذلك حرصاً على استمرار العلاقة التجارية بين الطرفين.
Dispute resolution mechanism	آلية تسوية النزاعات
Tie-breaking mechanism	آلية كسر التعادل
Mediate	**يتوسط، يتوسط بين متنازعين لحل خلاف**
Mediation	**وساطة، توسط**
Commercial mediation	وساطة تجارية
Child custody mediation	وساطة بشأن حضانة الطفل
Divorce mediation	وساطة بشأن الطلاق
Party-directed mediation	وساطة يوجهها الأطراف بأنفسهم.
Mediator	**وسيط**
Certified mediator	وسيط معتمد
Sole mediator	وسيط وحيد
Medium	**وسيلة، أداة**
meet	**يلتقي، يلبي طلب**
Meeting	**مقابلة، اجتماع**
Extraordinary general assembly meeting	اجتماع جمعية عامة غير عادية
General assembly meeting	اجتماع جمعية عامة
In person meeting	مقابلة شخصية
Meeting of minds	توافق إرادتين (عقود)
Ordinary general assembly meeting	اجتماع جمعية عامة عادية
Telephonic meeting	مقابلة هاتفية
Member	**عضو، شريك**
Memorandum	**مذكرة في عقد**
Bench memorandum	تعبير يطلق على المذكرة الملخصة لأبرز وقائع الدعوى ومطالبات الخصوم وحججهم والتي يعدها أمين سر الجلسة أو أحد المحامين ليستخدمها القاضي في إعداد المحاكمة وفي إعداد الحكم.
Business memorandum	مذكرة تجارية
Internal memorandum	مذكرة داخلية
Legal memorandum	مذكرة قانونية
Memorandum of agreement	مذكرة اتفاق
Memorandum of association	عقد تأسيس شركة
Memorandum of understanding	مذكرة تفاهم
Offering memorandum	مذكرة عرض. مذكرة يتم توزيعها على نطاق واسع بين المكتتبين المرشحين للاكتتاب في اكتتاب عام.
Private placement memorandum	مذكرة طرح خاص. مذكرة يتم توزيعها على نطاق ضيق بين المستثمرين المحتملين المرشحين للاستثمار في اكتتاب (طرح) خاص.
Mental	**عقلي، ذهني**
Mention	**يذكر، يقول، ذكر**
Merchandise	**مواد تجارية، سلع**
Merchant	**تاجر**
Merchantable	**صالح للتجارة**
Mercy	**رأفة، رحمة**
Mere	**مجرد، محض**
Merely	**مجرد ذلك، وحده**
Merger	**اندماج، يدمج، يدمج شركات، اندماج شركات**
Merger of equals	اندماج الأكْفَاء
Multi-party merger	اندماج متعدد الأطراف. قيام شركتين بالاندماج في شركة ثالثة قائمة.
Reverse merger	اندماج عكسي. قيام شركة خاصة غير بالاستحواذ على شركة عامة. وغالبا ما يكون الغرض من ذلك توفير الوقت اللازم لإجراء اكتتاب عام.
Reverse triangular merger	ادماج مثلثي عكسي. قيام الشركة

	المستحوذة بدمج شركة جديدة تقوم بتأسيسها في الشركة المستهدفة.
Statutory merger	تعبير يطلق على اندماج تبقى بعده إحدى الشركتين المندمجتين قائمة ولا تذوب ضمن الشركة الجديدة.
Tow-party merger	اندماج ثنائي. قيام الشركة المستحوذة بالاستحواذ على الشركة المستهدفة من خلال دمجها فيها.
Triangular merger	اندماج مثلثي. قيام الشركة المستحوذة بدمج الشركة المستهدفة في شركة جديدة تقوم بتأسيسها.
Merit	**مرتبة، ميزة، موضوع الدفوع**
Merits	**أساس، الأسباب الجوهرية التي تنطوي عليها الدعوى**
Message	**رسالة**
Messenger	**رسول**
Method	**أسلوب، وسيلة**
Methodology	**منهجية**
Middle	**وسط**
Middleman	**وسيط (سمسار)**
Military	**عسكري، حربي**
Military court	**محكمة عسكرية**
Military law	**قانون عسكري**
Military service	**خدمة عسكرية**
Mind	**عقل، ذهن، نفس، مقصد**
Guilty mind	ذهن مذنب. عندما يتوفر الفعل المذنب مع الذهن المذنب والظروف الحاضرة يكتمل العمل الإجرامي.
Minimization	**خفض إلى أدنى حد ممكن**
Legal risk minimization	خفض المخاطر القانونية إلى أدنى حد ممكن
Legal spending minimization	خفض الإنفاق القانوني إلى أدنى حد ممكن
Minimum	**حد أدنى**
Minister	**وزير**
Ministerial	**وزاري**
Ministry	**وزارة**
Minor	**قاصر**
Minor fact	**واقعة فرعية، واقعة ثانوية**
Minute	**يدون محضر، محضر، مذكرة**
Minutes	**محضر جلسة**
Misapplication	**سوء تصرف**
Misappropriation	**اختلاس، سوء استغلال موارد**
Misappropriation of a trade secret	حيازة غير سليمة لأسرار تجارية.
Misappropriation of assets	استيلاء غير شرعي على أصول
Misappropriation of expressions of folklore	الحيازة غير الشرعية للتعبيرات الثقافية. ادعاء تملك بعض أشكال التعبير التقليدية التراثية مثل الأدوية الشعبية والوصفات الطبية الطبيعية ورياضات الاستشفاء التقليدية والمتاجرة فيها. وتسعى لجنة الويبو الحكومية الدولية المعنية بالملكية الفكرية والموارد الوراثية والمعارف التقليدية إلى تعزيز الوعي بأهمية حماية المعارف التقليدية وأشكال التعبير الثقافي التقليدي من التملك غير المشروع وسوء الاستخدام. كما دشنت مبادرات لتكوين الكفاءات وتوفير المشورة السياسية والقانونية والحماية الدفاعية ضد التملك غير المشروع للمعارف التقليدية.
Misappropriation of funds	استيلاء غير شرعي على أموال
Misappropriation of securities	استيلاء غير شرعي على ضمانات
Misappropriation of supplies	استيلاء غير شرعي على توريدات
Misbehavior	**إساءة سلوك**
Miscarriage	**إجهاض**
Accident miscarriage	إسقاط حمل بسبب حادث
Criminal miscarriage	إسقاط حمل مجرم
Intentional miscarriage	إسقاط حمل مقصود
Miscarriage of justice	سوء إعمال العدالة. من أمثلته إنزال عقوبة الموت بإنسان برئ.
Spontaneous miscarriage	إسقاط حمل تلقائي

Miscellaneous	**متفرقات، أشياء مختلفة المواد**
Misconception	**سوء فهم**
Misconduct	**سوء سلوك**
Corporate misconduct	سوء سلوك من جانب الشركة
Judicial misconduct	سوء سلوك قضائي
Misdemeanor	**جانح، جنحة**
Misfeasance	**فعل ضار، خرق عقد عن طريق التنفيذ السيء**
Misleading	**مضلل**
Mismanagement	**إساءة الإدارة**
Willful mismanagement	إساءة إدارة عمدية
Misrepresentation	**تمويه، بيانات غير صحيحة تدفع الشخص للتقاعد**
Mis-statements	**بيانات غير صحيحة**
Mistake	**خطأ، غلط**
Mistake of fact	**غلط في الواقع**
Mistake of law	**غلط في القانون**
Misunderstanding	**التباس، سوء فهم**
Misuse	**يسيء استعمال حق أو سلطة**
Misuse of copyright	إساءة استعمال حق المؤلف. إساءة استخدام حق المؤلف من قبل صاحبه أو المخول باستخدامه.
Misuse of traditional cultural expressions	إساءة استعمال مسيء للتعبيرات الثقافية التقليدية. استعمال غير سليم لأشكال التعبير عن المعارف التقليدية.
Non-purgeable patent misuse	إساءة استعمال لبراءة ليس من الممكن التخلص منها
Patent misuse	إساءة استعمال براءة
Purgeable patent misuse	إساءة استعمال لبراءة يمكن التخلص منها
Mitigation	**تخفيف، تخفيف مضار**
Loss mitigation	تقليص الخسارة
Mitigation of damages	تقليص الأضرار
Modification	**تنقيح، تعديل**
Modify	**يعدل**
Monarch	**ملك**
Monarchist	**مناصر للملكية، ملكي**
Monarchy	**ملكية**
Constitutional monarchy	ملكية دستورية. نظام سياسي قانوني قوامه وجود ملك على رأس

	السلطة التنفيذية لكنه يتمتع بصلاحيات محدودة مع وجود وزارة تتمتع بصلاحيات واسعة وبرلمان يراقب أعمال السلطة الوزارة مع احتكام الجميع لدستور.
Money	**نقود، عملة**
Monopolize	**يحتكر**
monopoly	**احتكار**
Moral	**أدبي، معنوي**
Moral duress	إكراه معنوي
Moral obligation	التزام أدبي
Morality	**أخلاقية، أخلاقيات**
mortem	**وفاة، موت، بعد الموت past mortem**
Mortgage	**رهن**
mortgagee	**مرتهن**
Mortgagor	**راهن**
Motion	**عريضة، طلب يوجه إلى المحكمة**
Motion for judgment	طلب لإصدار حكم قضائي. طلب يقدم للقاضي ليقوم بإصدار حكم قضائي يخالف الحكم الذي تبناه المحلفون وفق النظام القانوني لبعض البلدان.
Motion for new trial	طلب لمحاكمة جديدة. طلب لتدشين محاكمة جديدة تأسيسا على خطأ جسيم في الإجراءات كاستبعاد دليل جوهري.
Motion to dismiss	طلب لصرف النظر
Motion to reconsider	طلب لإعادة النظر
Motive	**دافع، باعث**
Movable	**منقول**
Mulct	**غرامة، يغرم، عقوبة إدارية**
Multicultural	**متسم بالتعددية الثقافية**
Multiculturalism	**تعددية ثقافية**
Constitutional multiculturalism	تعددية ثقافية دستورية
Legal multiculturalism	تعددية ثقافية قانونية
Multiculturalist	
Legal multiculturalist	مناصر للتعددية الثقافية القانونية
Multipartite	**متعدد الأجزاء أو الأطراف**

Municipal	**بلدي**
Municipal courts	محاكم بلدية
Municipality	**بلدية**
Murder	**القتل العمد**
Attempted murder	شروع في قتل
First degree murder	قتل من الدرجة الأولى
Second degree murder	قتل من الدرجة الثانية
Murderer	**قاتل**
Mutual	**تبادلي، مشترك**

N

Name	**يتهمه مسميا إياه باسمه، يسمي، يعين، يحدد، اسم، سمعة، صيت**
Business name	اسم تجاري
Company name	اسم شركة
Deceptive domain name	اسم نطاق خادع
Domain name	اسم نطاق
False domain name	اسم نطاق زائف
Illegitimate domain name	اسم نطاق غير شرعي
Lawfully registered domain name	اسم نطاق مسجل تسجيلا شرعيا
Legal company's name	اسم الشركة القانوني
Obscene domain name	اسم نطاق بذيء
Screen name	اسم الشاشة. اسم الشهرة الفني الذي يعتمده الفنان في مجال العرض على الشاشة.
Showbiz name	الاسم في مجال العمل الاستعراضي. اسم الشهرة الفني الذي يعتمده الفنان في مجال العمل الاستعراضي.
Stage name	الاسم في مجال العرض المسرحي. اسم الشهرة الفني الذي يعتمده الفنان في مجال العرض المسرحي.
Trade name	اسم تجاري
True name	اسم حقيقي
Visually similar domain name	اسم نطاق مشابه من حيث صورة الكلمة.
Names	**أسماء**
Confusingly similar company names	أسماء شركات متشابهة على نحو ملبس
Confusingly similar domain names	أسماء نطاقات متشابهة على نحو ملبس
Domain names	أسماء نطاقات
Narcissism	**نرجسية. حب الذات والتمركز حولها على نحو متطرف.**
Narcissist	**نرجسي**
Nation	**أمة، شعب، قوم**
Nations	**أمم، شعوب**
Aboriginal Nations	أمم (شعوب) أصلية
National	**مواطن، قومي**
Nationality	**جنسية**
Dual nationality	جنسية مزدوجة
Nationalization	**تأميم**
Neglect	**يهمل، إهمال، استخفاف بـ**
Child neglect	إهمال الأطفال
Negligence	**إهمال**
Company's environmental negligence	إهمال الشركة البيئي
Contributory negligence	إهمال إسهامي
Corporate negligence	إهمال مؤسسي - إهمال ضمن إطار الشركة
Corporate safety negligence	إهمال مؤسسي بشأن الأمن
Criminal negligence	إهمال إجرامي
Gross negligence	إهمال جسيم
Medical negligence	إهمال طبي
Parental negligence	إهمال أبوي
Professional negligence	إهمال مهني
Negligent	**مهمل، متهاون**
Negotiations	**مفاوضات**
Amicable settlement negotiations	مفاوضات تتوخى تسوية ودية. ينص بند تسوية المنازعات في كثير من العقود التجارية على وجوب أن يسلك الطرفان طريق التفاوض أولا قبل اللجوء إلى التحكيم، وكثيرا ما يتم تحديد مدة للتفاوض بحيث إنه في حالة عدم الوصول إلى تسوية خلالها يحق لكل من الطرفين اللجوء للتحكيم.
Contractually obligatory negotiations	مفاوضات إجبارية تعاقديا. مفاوضات ينص العقد على وجوب خوضها.
Good faith settlement negotiations	مفاوضات مؤسسة على حسن النية تتوخى التسوية
Kidnapping negotiations	مفاوضات الاختطاف. مفاوضات تجريها الشركة مع المختطفين

	لمعرفة مطالبهم ودفعهم لتسليم المختطف. ولهذا النوع من المفاوضات أصول وضوابط تدرس وتعلم ويتدرب عليها.
Pre-arbitration negotiations	مفاوضات سابقة على التحكيم
Settlement negotiations	مفاوضات تتوخى التسوية
Nepotism	**محسوبية، محاباة المقربين**
Neutral	**محايد. تعبير يطلق على المحكم والوسيط والمُسَوِي وغيرهم ممن تسند له مهمة الفصل البديل في النزاعات.**
Neutrals	**محايدون. تعبير يطلق على المحكمين والوسطاء والمسويين وغيرهم ممن تسند لهم مهمة الفصل البديل في النزاعات.**
Neutrality	**حياد**
Arbitrator's neutrality	حياد المحكم. هو أن يكون المحكم طرفاً محايداً لا ينحاز لطرف على حساب الآخر. وعلى المحكم عند ترشيحه لأداء مهمته أن يثبت بقدر الإمكان مبدأ حياديته، واستقلاله.
No assignment	**عدم التنازل، لا تنازل**
No compete	**لا منافسة**
Non-challengability	**عدم القابلية للتحدي**
Non compete	**عدم المنافسة**
Non-contestability	**عدم القابلية للتحدي والمعارضة**
Non-precedential	**غير سبقي. وصف يطلق على قرار أو رأي قانوني لبيان أنه لا ينطوي على أهمية خاصة تجعله يكتسب صفة السابقة التي يمكن الالتزام بها أو القياس عليها أو الاستئناس بها.**
Non suability	**عدم القابلية للمقاضاة. اتسام الفعل بعدم إمكانية مقاضاة فاعله.**
Notice	**يلاحظ، يعلق على، إخطار، إنذار إشعار، إعلام**
Cure notice	إخطار بشأن الإصلاح. إطار يخطره متعاقد مع متعاقد أخل بأي من التزاماته التعاقدية ينذره بموجبه بوجوب قيامه بإصلاح الخلل الذي أحدثه.
Notice of commencement	إخطار بشأن البدء. إخطار يقوم المقاول بإرساله لرب العمل يحيطه بموجبه ببدئه العمل.
Notice of default	إخطار بشأن خلل. إخطار يخطر به متعاقد المتعاقد الآخر بحدوث خلل من جانبه، وفي بعض الأحيان يتضمن الإخطار ما يفيد دعوة الطرف المخل لإزالة الخلل خلال مدة معينة.
Notice of renewal of agreement	إخطار بشأن تجديد اتفاق
Notice of termination of agreement	إخطار بشأن إنهاء اتفاق.
Privacy notice	إشعار بشأن الخصوصية. بيان غرضه الحث على احترام الخصوصية. يرد في المواقع الشبكية وفي شبكات العمل الداخلية.
Reasonable notice	إخطار معقول. إخطار مرسل من قبل أحد المتعاقدين للآخر خلال مدة زمنية معقولة وكافية.
Notarization	**توثيق**
Electronic notarization	توثيق إلكتروني
Notarize	**يوثق**
Notary	**موثق**
Notary public	**موثق عمومي**

O

Obligate	**يُلزم**
Obligation	**التزام، تعهد**
Essential contractual obligation	التزام تعاقدي جوهري
Obligations	**التزامات، تعهدات، مديونية**
Bilateral obligations	التزامات متبادلة
Confidentiality obligations	التزامات المحافظة على السرية.
Disclosure obligations	التزامات الإفصاح.الالتزامات المنبثقة عن عملية الإفصاح عن معلومات سرية والتي يتحملها الطرفان.
Explicit obligations	التزامات صريحة
Implicit obligations	التزامات ضمنية
Non delegable obligations	التزامات غير قابلة للإحالة. التزامات تعاقدية لا يمكن تحويلها للغير للقيام بها.
Non-contractual obligations	التزامات غير تعاقدية. التزامات ليست منبثقة عن عقد.
Pre-contractual obligations	التزامات سابقة على التعاقد.
Obstruct	**يعوق، يسد**
Obstruction	**إعاقة**
Obstruction of justice	إعاقة العدالة
Obstructer	**معيق**
Offence	**تعدٍ، إغضاب، إثم، جريمة**
Suable offence	تعدٍ يمكن مقاضاة فاعله
Offences	**تعديات**
Capital offences	تعديات كبرى
Offenders	**مُتعدون**
Asocial offenders	مُتعدٍ لااجتماعي
Juvenile offender	مُتعدٍ حدَث
Repeat offenders	مُتعدٍ يكرر تعديه
Social offenders	مُتعدٍ اجتماعي
Offenders	**متعدون**
Disorganized offenders	متعدون غير منظمين
Organized offenders	متعدون منظمون
Offer	**يعرض، يبدي استعداده، عرض، ثمن معروض**
Acquisition offer	عرض الاستحواذ
Final offer	عرض نهائي
Tender offer	عرض المناقصة
Offeree	**معروض عليه، متلقي العرض**
Offering	**اكتتاب**
Dilutive offering	اكتتاب إضعافي. اكتتاب يتضمن بيع أسهم جديدة يتمخض عنه انخفاض سعر السهم.
Follow on offering	اكتتاب تابع. إصدار أسهم للاكتتاب فيها في مرحلة لاحقة على حصول اكتتاب عام أولي.
Initial public offering	اكتتاب عام أولي
Non-dilutive offering	اكتتاب غير تسييلي. اكتتاب يتضمن بيع أسهم المساهمين لا يتمخض عنه انخفاض سعر السهم.
Non-public offering	اكتتاب غير عام
Primary offering	اكتتاب أولي. إصدار الشركة أسهما للاكتاب فيها، وهو ما يعد عكس الاكتتاب الفرعي.
Public offering	اكتتاب عام
Secondary market offering	اكتتاب سوق ثانوية.
Secondary offering	اكتتاب فرعي. قيام مساهمين بالشركة ببيع سندات تخصهم.
Offeror	**مقدم عرض، عارض**
Office	**مكتب**
Law office	مكتب محاماة
Officer	**مدير**
Chief audit officer	كبير مدراء التدقيق
Chief compliance officer	كبير مدراء التوافق. اسم لمنصب تنفيذي داخل الشركات يضطلع حامله بمسؤولية الإشراف على ضمان توافق أداء الشركة والعاملين بها مع القوانين والتنظيمات لاسيما القوانين الجديدة التي تحتاج إلى توفيق أوضاع وتدريب.

Chief credit officer	كبير مدراء الائتمان
Chief ethics officer	كبير مدراء الأخلاقيات
Chief information security officer	كبير مدراء أمن المعلومات
Chief intellectual property officer	كبير مدراء الملكية الفكرية
Chief legal officer	كبير المدراء القانونيين
Chief licensing officer	كبير مدراء التراخيص
Chief patent officer	كبير مدراء البراءات
Chief privacy officer	كبير مدراء الخصوصية
Chief risk officer	كبير مدراء المخاطرة
Chief safety officer	كبير مدراء الأمان
Chief sharia officer	كبير المدراء الشرعيين
Law enforcement officer	ضابط إنفاذ القانون. ضابط مسئول عن تنفيذ القانون وأحكام القضاء.
Legal officer	مدير قانوني
Official	**رسمي، مسئول**
Foreign official	مسئول رسمي أجنبي. تجرم قوانين مكافحة الفساد الأمريكية منح الرشى والهدايا والأموال للمسئولين الأجانب بقصد تحفيزهم على ارتكاب أعمال غير قانونية.
Opinion	**رأي**
Advisory opinion by the International court of Justice	رأي استشاري صادر عن محكمة العدل الدولية. رأي قانوني غير ملزم صادر عن محكمة العدل الدولية في نزاع ذي طابع دولي.
Arbitral Advisory opinion	رأي استشاري تحكيمي. بيان غير ملزم صادر عن هيئة تحكيمية بإزاء مسألة عرضت عليها لتقديم ذلك الرأي.
Concurring opinion	رأي موافق. رأي لقاضٍ عضوٍ في هيئة قضائية للنظر في قضية موافق لرأي أغلبية القضاة.
Counsel's opinion	رأي مستشار
Dissenting opinion	رأي مفارق. رأي لقاضٍ عضوٍ في هيئة قضائية للنظر في قضية مخالف لرأي أغلبية القضاة.
Expert's opinion	رأي خبير. من أمثلته الرأي الذي يبديه الخبير القضائي في قضية ما.
Judicial opinion	رأي قضائي. رأي قانوني يكتبه القاضي شرحا لحكم قضائي صادر عنه.
Legal opinion	رأي قانوني
Non-precedential opinion	رأي غير سبقي. رأي قانوني لا يصح التعامل معه على أنه سابقة يعتد بها أو يلتزم بها أو يقاس عليها أو يستأنس بها.
Precedential opinion	رأي سبقي. رأي قانوني يتوجب التعامل معه على أنه سابقة يعتد بها أو يلتزم بها أو يقاس عليها أو يستأنس بها.
Qualified legal opinion	رأي قانوني مسبب
Unpublished opinion	رأي غير منشور. وفق القانوني الأمريكي هو رأي يصدره قاض لتفسير حكم صادر مع تقرير عدم نشره لكونه لا يحمل قيمة سبقية فلا ينظر له كحكم سبقي يمكن الالتزام به مستقبلا في قضايا أخرى.
Unqualified legal opinion	رأي قانوني غير مسبب
Oppress	**يقمع**
Oppression	**قمع**
Minority shareholder oppression	قمع المساهمين الذين ينتمون إلى أقلية المساهمين
Order	**يرتب، يأمر، ينظم، ترتيب، نظام، أمر**
Arrest order	أمر بالقبض
Court order	أمر محكمة
Economic global order	النظام الاقتصادي العالمي. مجمل التوازنات الاقتصادية العالمية والممارسات العالمية المستقرة التي تجعل للعالم نظاما اقتصاديا معينا أو ما يشبه النظام الاقتصادي الذي له أحكام.
Environmental global order	النظام العالمي البيئي. مجمل التوازنات البيئية العالمية والممارسات العالمية المستقرة التي تجعل للعالم نظاما بيئيا معينا أو ما يشبه النظام الاقتصادي الذي له أحكام.

Global governance organization	منظومات حوكمة عالمية
Owner	**مالك**
Brand owner	مالك علامة
Partial copyright owner	مالك حق نشر جزئي
Rightful owner	مالك شرعي
Ownership	**ملكية**
Intellectual ownership	ملكية فكرية
Joint ownership of a patent	ملكية مشتركة لبراءة
Moral ownership	ملكية معنوية
Ownership of ideas	ملكية أفكار
Ownership of intangible property	ملكية أملاك غير ملموسة
Ownership of moral rights	ملكية حقوق معنوية
Traditional ownership	الملكية التقليدية. هي السيطرة على الشئ أو المكان، التي تعطي الحق للمالك في التحكم والاستغلال والتصرف في ذلك الشئ المملوك دون تدخل من الغير ما لم يكن مضروراً، وهي نوع من أنواع الملكية المتوارثة عبر الأجيال والتي قد تكون دون مستندات، فهي شئ طبيعي يفترض كالأصل حيث اعتادته الأجيال في المجتمعات التقليدية. وينص إعلان الأمم المتحدة بشأن حقوق الشعوب الأصلية على أنه للشعوب الأصلية الحق في امتلاك الأراضي والأقاليم والموارد التي تحوزها بحكم الملكية التقليدية أو غيرها من أشكال الشَغل أو الاستخدام التقليدية، والحق في استخدامها وتنميتها والسيطرة عليها، هي والأراضي والأقاليم والموارد التي اكتسبتها بخلاف ذلك. وتعد حقوق الملكية الفكرية أهم حقوق الشعوب الأصلية.
Overturn	**يلغي**
Overturning	**إلغاء**
Overturning laws	إلغاء قوانين
Global order	النظام العالمي
Order of documents	مرتبة المستندات. تتضمن عقود المقاولات أكثر من مستند وأكثر من عقد، وهو ما يستدعي ترتيب قوة المستندات والعقود في مواجهة بعضها البعض لاسيما إذا ما حصل تناقض بين بنود واردة في أحد العقود وبنود واردة في عقد آخر.
Order of execution of Arbitration award	أمر بتنفيذ قرار تحكيمي
Order of substitution of judge	أمر باستبدال القاضي
Public order	النظام العام. مجمل المبادئ والقيم الإنسانية والأخلاقية والقانونية والاقتصادية والاجتماعية التي ارتضاها مجتمع لتكون نظاما عاما له لا يجوز انتهاكه ولابد أن تعبر عنه مواثيقه العليا وعلى رأسها الدستور.
Restrictive order	أمر تقييدي. أمر صادر عن محكمة بتقييد حركة شخص فيما يتصل بتعامله مع شخص آخر ومن أبرز تطبيقاته منع زوج من الاقتراب أكثر من مسافة معينة من زوجته بعد أن سبق له الاعتداء عليها لضمان لمنعه من الاعتداء عليها مجدداً، أو منع شخص من الاقتراب لأكثر من مسافة معينة من شخص مشهور بعد أن ضايقه بالاقتراب منه.
World order	النظام العالمي. مجمل التوازنات السياسية العالمية التي تجعل للعالم نظاما معينا أو ما يشبه النظام.
Orderly	**على نحو مرتب**
Organization	**منظومة، منظمة، هيئة، شركة**
Compliance-driven organization	منظومة يقودها التوافق. كيان غرضه الأساسي هو إتمام التوافق بين الأحكام التعاقدية واللوائح التي تسيِّرُه وبين الأنظمة والقوانين المرعية الإجراء.

Overturning laws as unconstitutional	إلغاء قوانين لكونها غير دستورية
Overturning precedents	إلغاء سوابق. الحكم بعدم تمتع حكم قضائي أو رأي بمركز السابقة القانونية التي لابد من الالتزام بها أو القياس عليها أو الاستئناس بها.

P

Package	**يعبئ، يحزم**
Packaging	**تعبئة**
Oversized packaging	تعبئة مقترنة بزيادة حجم الغلاف. تعد التعبئة المقترنة بزيادة حجم الغلاف من الجرائم التجارية لكونها شكلاً من أشكال إدخال الخداع على المستهلك.
Panel	**يختار هيئة المحلفين، هيئة، هيئة المحلفين، هيئة المحكمين، جدول المحلفين**
Arbitral panel	هيئة تحكيم
Judicial panel	هيئة قضائية
Panelist	**عضو هيئة**
Paralegal	**مساعد محامي. شخص غير محامي يقوم بأعمال إدارية روتينية مكملة للأعمال القانونية والمحاماتية، وهو ما يتطلب حداً أدنى من الإلمام القانوني.**
Pardon	**يعفو، يصفح، عفو، صفح**
Conditional pardon	عفو مشروط
Full pardon	عفو كامل
Presidential pardon	عفو رئاسي
Pardonable	**يمكن العفو عنه**
Pardoned	**معفو عنه**
Parole	**إطلاق سراح قبل انقضاء مدة عقوبة الحبس مع وضع المُسرَّح تحت المراقبة، ومع إمكانية عودته لتنفيذ الحبس في حالة الإخلال بشروط إطلاق السراح ومع تعهده بالالتزام بشروط إطلاق السراح المؤقت.**
Conditional parole	إطلاق سراح مشروط قبل انقضاء مدة العقوبة مع وضع المُسرَّح تحت المراقبة ومع إمكانية عودته لتنفيذ الحبس في حالة الإخلال بشروط إطلاق السراح ومع تعهده بالالتزام بشروط إطلاق السراح المؤقت.
Early parole	إطلاق سراح مبكر قبل انقضاء مدة العقوبة مع وضع المُسرَّح تحت المراقبة ومع إمكانية عودته لتنفيذ الحبس في حالة الإخلال بشروط إطلاق السراح و ومع تعهده بالالتزام بشروط إطلاق السراح المؤقت.
Parolee	**الشخص الذي تم إطلاق سراحه قبل انقضاء مدة عقوبة الحبس مع وضعه تحت المراقبة، ومع إمكانية عودته لتنفيذ الحبس في حالة الإخلال بشروط إطلاق السراح و ومع تعهده بالالتزام بشروط إطلاق السراح المؤقت.**
Part	**يبتعد، يفارق، جزء**
Integral part	جزء متكامل
Partiality	**تحيز، انحياز**
Partner	**يشارك، شريك، زوج**
Active partner	شريك فعال
General partner	شريك متضامن
Sleeping partner	شريك نائم
Partnership	**شركة أشخاص**
General partnership	شركة تضامن
Limited partnership	شركة ذات توصية بسيطة
Party	**طرف، حزب**
Defaulting party	طرف مخل
Disclosing party	طرف مُفصح. تعبير مستخدم لوصف الطرف الذي يفصح عن المعلومات السرية فيما يتصل بنقل معلومات سرية.
Independent party	طرف مستقل
Informed party	طرف ذو إحاطة
Non-defaulting party	طرف غير مخل
Opposition party	حزب معارض
Party in breach	طرف مخل
Political party	حزب سياسي
Receiving party	طرف مستلم. تعبير مستخدم لوصف الطرف الذي يتلقى

حقاً لمكتشف صفات هذا الجين في منع الآخرين من استخدامه أو استغلاله تجارياً.

Generic patent — براءة عامة

Illegitimate patent — براءة غير شرعية. براءة قائمة على أسس غير سليمة. ومن أبرز الأسس غير السليمة التي تتأسس عليها البراءات الادعاء بعدم وجود اختراعات سابقة، وهي التي تعرف بالفن السابق.

Infringed patent — براءة منتهكة

Non contentious patent — براءة غير مثيرة للنزاع

Non-infringable patent — براءة غير قابلة للانتهاك

Open patent — براءة مفتوحة. البراءة المتاحة للجميع. المحتوى المتاح للجميع. شعار ينادي به مناهضو حق النشر والملكية الفكرية.

Potentially infringable Patent — براءة من المحتمل أن تكون موضع انتهاك

Revived patent — براءة تم إحياؤها. براءة تم تفعيلها بعد تعرضها لما منع تفعيلها مثل هجرانها من قبل صاحبها.

Revoked patent — براءة تم إبطالها والر جوع عن إصدارها

Unenforced patent — براءة غير مُنفذة

Unsustainable patent — براءة غير قابلة للاستدامة

Utilized patent — براءة موظفة

Patentee — **صاحب البراءة**

Non- manufacturing patentee — صاحب براءة ممتنع عن تصنيعها. صاحب براءة يرفض أن يسمح بتصنيعها والاستفادة منها.

Patenting — **إصدار براءة، العمل على إصدار براءة**

Biotech patenting — إصدار براءات بيوتكنولوجية

Double patenting — منح براءتين عن أكثر من اختراع لنفس الشخص

Patenting an indigenous medicine — إصدار براءة عن دواء بلدي. القيام باستخراج براءة موضوعها دواء بلدي، وهو أمر غير مشروع ويعد شكلاً من أشكال انتهاك حقوق الملكية الفكرية الخاصة بالشعوب التقليدية والأصلية.

المعلومات السرية فيما يتصل بنقل معلومات سرية.

Separatist party — حزب انفصالي

Third party — الغير

Patent — **يستصدر براءة، براءة**

Abusing patent — براءة تعسفية. براءة يتسخدمها صاحبها بغية استغلال الناس استغلالاً غير مشروع.

Bogus patent — براءة زائفة

Business method patent — براءة منبثقة عن طريقة تجارية

Cluster patent — براءة تكتلية. براءة مسجلة بحسبانها واحدة من تكتل براءات يراد منه حماية براءة مهمة من خلال منع منافس من تصميم براءة مشابهة لبراءة مهمة.

Contentious patent — براءة مثيرة للنزاع

Crazy patent — براءة مجنونة. يطلق هذا التعبير على البراءات التي تم استصدارها دون وجود مسوغ حقيقي أو قانوني لذلك.

Enforced patent — براءة مُنفذة.

Ethically questionable patent — براءة بعدها الأخلاقي موضع تساؤل

Gene patent — براءة اختراع مورث بشري. هي حصول جين ما من الجينات البشرية على الحق في الحماية المقررة وفقاً لقوانين الملكية الفكرية، وذلك كونه يحمل·صفات معينة أو كحامل للأمراض وناقل لها من جيل إلى أخر، أو مساهم في الوقاية أو العلاج من بعض الأمراض، إذ يعد اكتشاف صفة من تلك الصفات في جين معين عملاً جديداً، وتم اكتشافه بطريقة إبداعية، وقابل للتطبيق، وتنطبق عليه كافة الشروط المطلوبة قانوناً لمنح البراءة، والتي تعد شروطاً صعبة بل شبه مستعصية في مثل تلك الحالات تحديداً، ويعد الحصول على براءة اختراع على جين معين

Patenting forms of life	منح براءات عن أشكال الحياة. منح براءات عن التطويرات الوراثية والجينية لبعض المخلوقات.
Pay	**يدفع، المبلغ المدفوع**
Executive pay	المبلغ المفوع للتنفيذي. إجمالي المبالغ المدفوعة للموظف التنفيذي بالشركة.
Payment	**دفعة**
Differed payment	دفعة مؤخرة
Due payment	دفعة حالة
Payments	**مدفوعات، دفعات**
Outstanding payments	دفعات غير مسددة
Political payments abroad	مدفوعات مالية سياسية بالخارج.
Penal	**عقابي، جزائي**
Penalize	**يعاقب، يجازي**
Penalized	**معاقب، مجازى**
Penalty	**عقوبة، جزاء**
Death penalty	عقوبة الموت
Proportionate penalty	عقوبة متناسبة
Unproportionate penalty	عقوبة غير متناسبة
Penologist	**مختص بعلم العقاب**
Penology	**علم العقاب**
Period	**فترة**
Contestability period	مدة المعارضة. المدة المتاحة لمعارضة قرار.
Cure period	فترة الإصلاح. الفترة التي يقوم خلالها متعاقد أخل بالتزام أو واجب من واجباته التعاقدية بإصلاح وضعه وإزالة الخلل.
Grace period	فترة سماح
Perjure	**يحلف يكينا كاذبة، يحنث بقسمه**
Perjury	**الحلف كذبا، الحنث باليمين**
Perpetrate	**يرتكب، يدبر**
Perpetrator	**مرتكب، مُدبر**
Persecute	**يضطهد**
Persecution	**اضطهاد**
Persecutor	**مضطهد**
Person	**شخص، إنسان، نفس**
Disinterested person	شخص لا مصلحة له
Interested person	شخص ذو مصلحة. عندما يتم البحث عما إذا كان الموظف قد ارتكب فعلا ينطوي على تنازع مصالح أو عما إذا كانت هناك حالة تنازع مصالح على وشك التحقق، يتم تقييم مصلحة الموظف بالصفقة وما إذا كان يعد ذا مصلحة أم لا.
Reasonable person	الرجل العادي
Personality	**شخصية**
Juristic personality	شخصية قانونية
Legal personality	شخصية قانونية
Personhood	**حالة شخصية**
Corporate personhood	الحالة الشخصية للشركة
Persons	**أشخاص**
Most wanted persons	تعبير يطلق على الأشخاص المطلوب القبض عليهم على نحو أشد عجلة من غيرهم.
Petition	**يلتمس، يتظلم، يتسول، التماس، تظلم، توسل**
Petitioner	**مقدم الالتماس**
Piracy	**قرصنة**
Bio-piracy	قرصنة منصبة على أشكال الحياة الطبيعية. من أمثلتها سرقة النباتات ذات السمات الخاصة المملوكة للشعوب التقليدية.
Cable TV piracy	قرصنة تلفزة بطاقات الاشتراك
Intellectual piracy	قرصنة فكرية
Internet piracy	قرصنة على الشبكة البينية
Movie piracy	قرصنة الأفلام
Patent piracy	قرصة البراءات
Television piracy	قرصنة تلفزة
Trademark piracy	قرصنة العلامات التجارية
Virtual piracy	قرصنة افتراضية
Pirate	**يقرصن، قرصان**
Domain name pirate	قرصان أسماء نطاقات.
Pirated	**مقرصن**
Place	**يضع، مكان، موضع**
Placement	**وضع، وضع أسهم الشركة برسم الاكتتاب**
Private placement	اكتتاب خاص

Placer واضع، مكتتب
Plaintiff مُدَّعٍ
Player لاعب
Legal player لاعب قانوني
Plead يجيب عن تهمة، يدافع، يترافع، يناشد، يلتمس،
Pleading إجابة عن تهمة
Pleading guilty إجابة المتهم عن التهمة بأنه مذنب
Pleading insanity إجابة المتهم عن التهمة بأنه اعتورته حالة جنون
Pleading not guilty إجابة المتهم عن التهمة بأنه غير مذنب
Pledge يرهن، يودع على سبيل الرهن، يتعهد، تعهد، ضمان، رهن
Pledgee متعهد، راهن
Plural جمع، جمعي، متعلق بأكثر من نوع
Pluralism التعددية
Constitutional pluralism تعددية دستورية
Global legal pluralism تعددية قانونية عالمية
Legal pluralism تعددية قانونية
Policy لائحة، سياسة، سياسة عامة، نظام
Anti-money laundry policy لائحة مكافحة غسل الأموال
Conflict of interest policy لائحة تنازع المصالح
Employee Discipline policy لائحة انضباط الموظفين
Fraud and corrupt practices policy لائحة الغش والممارسات الفاسدة
Insurance policy وثيقة التأمين
Legislative policy سياسة التشريع
Privacy policy سياسة الخصوصية
Procurement policy لائحة المشتريات
Public policy السياسة العامة، النظام العام
Work harassment policy لائحة التحرش داخل مكان العمل
Political سياسي
Politicization تسييس
Politicization of judicial decision-making تسييس عملية صناعة القرار القضائي
Politicization of jurisprudence تسييس الفقه
Politicization of the judicial system تسييس النظام القضائي
Politicized مُسَيَّس
Politics سياسة
Power يزود بالطاقة، يزود بالقوة، قوة، سلطان، سلطة، نفوذ
Judicial review power سلطة المراجعة القضائية
Legitimate power سلطة شرعية
Power of attorney توكيل قانوني
Powers صلاحيات
Legislative powers صلاحيات رئاسية
Presidential powers سلطات رئاسية، صلاحيات رئاسية
Possess يحوز، يقتني، يتملك، يملك
Possessor حائز
Legitimate possessor حائز شرعي
Possession حيازة، اقتناء، ملكية
Conservatory possession حيازة تحفظية
Constructive possession حيازة معتبرة. حيازة المقابل المنبثق عن عقد بيع عملة حيازة مؤسسة على تسليم ما يعبر عن قيام الحيازة مثل الشيك.
Illegal possession حيازة غير قانونية
Interim possession حيازة وقتية
Physical possession حيازة مادية
Possession of drugs حيازة مخدرات
Possession of drugs with intent to distribute them حيازة مخدرات بقصد توزيعها
Possession of false documents حيازة مستندات مزورة
Possession of false identification حيازة هوية مزورة
Possession of stolen property حيازة ممتلكات مسروقة
Possession of unlicensed weapon حيازة سلاح غير مرخص
Post يعلق، يضع مادة على الشبكة البينية، يلصق إعلانات على جدار، يرحل الحسابات، يعين، يسند وظيفة
Posting تعليق، وضع مادة على الشبكة البينية، لصق إعلان على جدار
Posting a slanderous content تعليق مادة فضائحية. وضع مضمون فضائحي على الشبكة البينية.
Posting an infringing material تعليق مادة انتهاكية. وضع

	مضمون انتهاكي على الشبكة البينية.
Practice	**يمارس، يزاول، ممارسة، خبرة، تمرس، مهنة**
Legal practice	ممارسة قانونية
Private legal practice	ممارسة قانونية مستقلة. مزاولة القانون مزاولة مستقلة.
Practices	**ممارسات**
Best judicial practices	ممارسات قضائية مثلى
Best legal practices	ممارسات قانونية مثلى
Best practices	ممارسات مثلى
Best practices in international arbitration	ممارسات مثلى في التحكيم الدولي
Best practices in law enforcement	ممارسات مثلى في إنفاذ القانون
Best practices in legal due diligence	ممارسات مثلى في المراجعة القانونية الواجبة
Best practices in legal education	ممارسات مثلى في التعليم القانوني
Best practices in legal management	ممارسات مثلى في الإدارة القانونية
Compensations practices	ممارسات متعلقة بالتعويض
Corrupt practices	ممارسات فساد
Extortion practices	ممارسات ابتزازية
Foreign corrupt practices	ممارسات فساد أجنبية
Fraudulent practices	ممارسات احتيالية
Monopolistic practices	ممارسات احتكارية
Unethical business practices	ممارسات تجارية غير أخلاقية
Unfair competition practices	ممارسات منافسة غير منصفة
Unfair labor practices	ممارسات متعلقة بالعمالة غير منصفة
Practitioner	**ممارس**
Law practitioner	ممارس للقانون
Legal practitioner	ممارس قانوني
Preamble	**تمهيد، مقدمة وثيقة قانونية**
Precedence	**أسبقية، سبق، تصدرية**
Precedent	**سابق، سابقة**
Binding precedent	سابقة ملزمة
Persuasive precedent	سابقة مقنعة
Precedential	**ذو توجه للأخذ بالسوابق**
Precaution	**حيطة، احتراس، تدبير وقائي**
Precautions	**احتياطات، تدابير وقائية**
Safety precautions	احتياطات أمنية
Preempt	**يتوقي، يتملك بحق الشفعة، يحتل أرض ليكتسب الأولوية في شرائها**
Preemption	**حق الشفعة، حق الأولوية في الشراء، الاستيلاء على شئ أو احتلاله قبل الآخرين**
Preemptive	**شفعي، وقائي**
Preservation	**محافظة على**
Preservation of human dignity	المحافظة على كرامة الإنسان
Preservation of human integrity	المحافظة على نزاهة الإنسان
Preserve	**يحافظ على، يقي، يحفظ، يصون**
Press	**يضغط، ضغط**
Pressing	**ضغط**
Pressing charges	توجيه اتهامات
Presume	**يفترض، يتجرأ على**
Presumption	**افتراض**
Presumption of authority	افتراض سلطة
Presumption of innocence	افتراض البراءة
Pretence	**يتظاهر، يدعي**
Pretences	**مظاهر**
False pretences	مظاهر كاذبة
Pretend	**يظهر بمظهر**
Prevent	**يعوق، يمنع**
Preventing	**إعاقة، منع**
Preventing the course of justice	إعاقة سريان العدالة
Principality	**محافظة**
Principle	**مبدأ، قاعدة**
Non-aggression principle	مبدأ عدم الاعتداء
Principles	**مبادئ**
Principles of equality	مبادئ المساواة
Privilege	**امتياز**
Attorney-client privilege	الامتياز المنبثق من علاقة المحامي بالعميل. امتياز يتمتع به المحامي بإزاء عميله مفاده تمتعه بحق الإبقاء على سرية المعلومات التي

	الاضطرار إلى الإفصاح عنها أمام القضاء.
State secrets privilege	امتياز أسرار الدولة. امتياز يتمتع به موظف الدولة مفاده تمتعه بحق الإبقاء على سرية المعلومات التي حصل عليها وعدم الاضطرار إلى الإفصاح عنها أمام القضاء.
Privacy	**خصوصية، سرية**
Consumer Privacy	خصوصية المستهلك
Private	**خاص، شخصي، منعزل، سري**
Privatize	**يخصص، يخصخص**
Privatization	**خصخصة**
Privatized	**مخصخص**
Probation	**اختبار، تعليق العقوبة، امتحان**
Disciplinary probation	اختبار تأديبي
Proceed	**ينبثق، ينبع، ينشأ، يباشر، يقيم دعوى**
Proceedings	**إجراءات، دعاوى قضائية**
Arbitration proceedings	إجراءات التحكيم
Pending legal proceedings	إجراءات تقاضي منتظرة
Proceeds	**متحصلات، عائدات، دخل**
Assigned proceeds	متحصلات متنازل عنها
Profession	**حرفة، صنعة، أهل المهنة**
The legal profession	الصنعة القانونية
Professional	**محترف، صاحب مهنة**
Professionals	**محترفون، أهل مهنة**
Islamic banking professionals	مزاولوا المصرفية الإسلامية
Judicial professionals	مزاولوا العمل القضائي
Legal professionals	مزاولوا القانون
Shariah law professionals	مزاولوا القانون الشرعي
Profile	**يعد تعريفا موجزا، تعريف موجز، صورة جانبية، مظهر جانبي**
Profiling	**إعداد تعريفات شخصية موجزة**
DNA profiling	إعداد تعريفات شخصية موجزة في ضوء الحمض النووي
Offender profiling	إعداد تعريفات شخصية موجزة لمخالفي القانون
Profiles	**تعريفات شخصية موجزة**
Criminals' profiles	تعريفات شخصية موجزة للمجرمين
Suspects' profiles	تعريفات شخصية موجزة للمشتبه بهم

	أفصح له العميل عنها وعدم الاضطرار إلى الإفصاح عنها أمام القضاء.
Clergy-patient privilege	الامتياز المنبثق من علاقة رجل الدين بالمريض. امتياز يتمتع به رجل الدين مفاده تمتعه بحق الإبقاء على سرية المعلومات التي أفصح له المريض عنها وعدم الاضطرار إلى الإفصاح عنها أمام القضاء.
Counselor-patient privilege	الامتياز المنبثق من علاقة المستشار بالمريض. امتياز يتمتع به المستشار بإزاء علاقته بالمريض مفاده تمتعه بحق الإبقاء على سرية المعلومات التي أفصح له المريض عنها وعدم الاضطرار إلى الإفصاح عنها أمام القضاء.
Doctor-patient privilege	الامتياز المنبثق من علاقة الطبيب والمريض. امتياز يتمتع به الطبيب بإزاء علاقته مع مريضه مفاده تمتعه بحق الإبقاء على سرية المعلومات التي أفصح له الطرف الآخر عنها وعدم الاضطرار إلى الإفصاح عنها أمام القضاء.
Executive privilege	امتياز التنفيذين. امتياز منحته المحكمة العليا بالولايات المتحدة لأعضاء قمة الهرم التنفيذي مفاده أحقيتهم في عدم الاستجابة لبعض الاستدعاءات للمثول أمام القضاء تطبيقا لمبدأ الفصل بين السلطات.
Psychotherapist-patient privilege	الامتياز المنبثق من علاقة المعالج النفسي بالمريض. امتياز يتمتع به المعالج النفسي مفاده تمتعه بحق الإبقاء على سرية المعلومات التي أفصح له المريض وعدم الاضطرار إلى الإفصاح عنها أمام القضاء.
Spousal testimonial privilege	الامتياز المتعلق بشهادة الزوج. امتياز يتمتع به كل من الزوجين مفاده تمتعه بحق الإبقاء على سرية المعلومات التي أفصح له الطرف الآخر عنها وعدم

Program	**يبرمج، يضع برنامجاً، برنامج**
Anti-money laundry compliance program	برنامج للتوافق المخصص لمواجهة غسل الأموال
Compliance program	برنامج توافق. خطة لإتمام التوافق بين الأحكام المنظمة لوضع الشركة ومسيرتها من جهة وبين القوانين المرعية الإجراء.
Promulgate	**ينشر، يعلن**
Promulgation	**نشر، إعلان**
Law promulgation	نشر قانون
Property	**عين، ممتلك**
Aboriginal people's property	الملكية الخاصة بأبناء البلد الأصليين
Collective property	ملكية جماعية
Individual property	ممتلك فردي
Intellectual property	ملكية فكرية
Non-conventional intellectual property	ملكية فكرية غير تقليدية
Personal property	ملكية خاصة
Public property	ملكية عامة
Self-relied intellectual property	ملكية فكرية تعتمد الاعتماد على الذات
Traditional intellectual property	ممتلكات فكرية تقليدية
Usurped property	ملك مُغتصب
Proponent	**نصير**
Proponents	**أنصار**
Proportion	**نسبة**
Proportionality	**تناسب**
Punishment proportionality	تناسبية العقاب. كون العقاب متناسبا مع الجرم.
Proportionate	**متناسب**
Prosecute	**يتهم اتهاما قضائيا**
Prosecution	**اتهام قضائي**
Prosecutor	**شخص يقوم بمهمة الاتهام القضائي نيابةً عن المجتمع**
General Prosecutor	النائب العام
Protect	**يحمي**
Protected	**محمي**
Protection	**حماية**
Brand protection	حماية العلامة
Consumer protection	حماية المستهلك

Investor protection	حماية المستثمر. حماية المستثمر من الأمور التي قد تعرض استثماره المالي في الشركة التي هو على وشك الاستثمار فيها إلى مخاطر بما في ذلك حمايته من المعلومات المالية والقانونية المضللة والتي قد تقدم له لتوجيهه توجيها استثماريا معينا. وتعد حماية المستثمر من أبرز الموضوعات القانونية فيما يتصل بحوكمة الشركات.
Minority shareholder protection	حماية المساهمين الذين ينتمون إلى أقلية المساهمين
Patent protection	حماية البراءة
Privacy protection	حماية الخصوصية
Trademark protection	حماية العلام التجارية
Witness protection	حماية الشاهد
Protectionism	**الحمائية. سياسة تنتهجها دول لحماية منتجاتها واقتصاداتها من بين أبرز مظاهرها فرض رسوم وجمارك على المنتجات، وينتج عنها إعاقة حركة التجارة المتبادلة إلى حد ما.**
Protectionist	**حمائي**
Provider	**موفر، مقدم، مجهز**
Alternative Dispute Resolution services provider	مقدم خدمات الحلول البديلة لتسوية النزاعات
Arbitration services provider	مقدم خدمات التحكيم
Legal aid provider	مقدم مساعدة قانونية
Legal services provider	مقدم خدمات قانونية
Mediation services provider	مقدم خدمات وساطة
Provision	**يحتاط، يزود بالمؤن، بند، شرط، احتياط، استعداد مسبق**
Provisional	**شَرْطي، مؤقت**
Provisions	**بنود، شروط**
Psychologist	**طبيب نفسي**
Forensic psychologist	طبيب نفسي شرعي
Psychology	**علم النفس**
Child psychology	علم نفس الأطفال

Criminal psychology	علم النفس الإجرامي
Forensic psychology	علم النفس المتصل بالطب الشرعي
Internet psychology	علم النفس المرتبط بالشبكة البينية
Social psychology	علم النفس الاجتماعي
Punish	**يعاقب**
Punishable	**قابل أن يكون موضعا للعقاب، مُعاقبٌ عليه**
Punishment	**عقوبة**
Capital punishment	عقوبة عظمى
Corporal punishment	عقوبة جسدية
disproportionate punishment	عقوبة غير متناسبة
Fitting punishment	عقوبة مناسبة
Proportionate punishment	عقوبة متناسبة
Purchase	**يشتري، شراء**
Purchaser	**مشترٍ حسن النية**
Purchasing	**القيام بالشراء**
Fraudulent purchasing	شراء احتيالي

Q

Qualification	**تأهيل، أهلية، بيان المسببات**
Legal opinion qualification	تسبيب الرأي القانوني
Professional qualification	تأهيل مهني
Qualification of Islamic finance lawyers	تأهيل محامي التمويل الإسلامي
Qualification of legal practitioners	تأهيل مزاولي القانون
Qualification of sharia auditors	تأهيل المدققين الشرعيين
Qualifications	**مؤهلات**
Academic qualifications	مؤهلات علمية

R

Race — **يسابق، سباق، عِرق**
Racism — **عنصرية**
Business racism — عنصرية ضمن إطار العمل التجاري
Corporate racism — عنصرية مؤسسية، عنصر ضمن إطار الشركة
Environmental racism — عنصرية بيئية
Judicial racism — عنصرية قضائية
Legal racism — عنصرية قانونية
Legislative racism — عنصرية تشريعية
Racist — **عنصري**
Raid — **يغير، يشن غارة، غارة، محاولة لخفض الأسعار من قبل المضاربين**
Raider — **مغير**
Potential raider — مُغير محتمل. تعبير يطلق على من يعتزم السيطرة على شركة.
Ransom — **يفتدي، فدية، افتداء**
Rate — **يقدر، يسعر، يثمن، يخضعه لرسم أو ضريبة، معدل، نسبة، سعر، قيمة**
Crime rate — معدل الجريمة
Hourly billing rate — أجر الساعة الذي يتم إرسال الفواتير على أساسه
Law firm billing rate — أجر الساعة الذي ترسل المؤسسة القانونية الفواتير على أساسه.
Rationale — **الأساس المنطقي**
Rationale of the ruling — الأساس المنطقي للحكم
Rationalize — **يعقل**
Readiness — **استعداد**
Readiness to hurt — استعداد للإيذاء
Readiness to kill — استعداد للقتل
Readiness to strike a deal — استعداد لإبرام صفقة
Readiness to transact — استعداد لإبرام معاملة تجارية
Real — **حقيقي، أصلي، واقعي**
Realism — **واقعية**
Legal realism — واقعية قانونية
Legislative realism — واقعية تشريعية
Reality — **واقع، حقيقة**
Receipt — **استلام**
Receipt of stolen property — استلام ممتلكات مسروقة. قد يعد استلام ممتلكات مسروقة جريمة إذا ما توافر علم المستلم بكونها مسروقة.
Receipt of pirated information — استلام معلومات مقرصنة. قد يعد استلام ممتلكات مسروقة جريمة إذا ما توافر علم المستلم بكونها مسروقة.
Receive — **يستلم**
Receiver — **مستلم**
Reciprocal — **قائم على المعاملة بالمثل**
Reciprocity — **المعاملة بالمثل**
Recitals — **توطئة، تمهيد، مقدمات**
Record — **يسجل، سجل، رقم قياسي**
Criminal record — سجل إجرامي
Recording — **تسجيل**
Illegal recording of phone calls — تسجيل غير قانوني للمكالمات الهاتفية
Referee — **يحكم بين طرفين، يقوم بمهمة الحكم، حكم**
Pre-arbitral referee — حَكم ما قبل التحكيم
Referendum — **استفتاء**
Reform — **يصلح، إصلاح، استعادة**
Constitutional reform — إصلاح دستوري
Global reform — إصلاح عالمي
Legal Reform — إصلاح قانوني
Prison reform — إصلاح السجن
Reformer — **مصلح**
Legal reformer — مصلح قانوني
Legislative reformer — مصلح تشريعي
Refusal — **رفض**
Refusal to negotiate with labor unions — رفض التفاوض مع اتحادات العمال. يعد شكلا من أشكال الممارسات العمالية غير الشريفة.
Regime — **نظام**
Regimes — **أنظمة**

Codified IP regimes	أنظمة ملكية فكرية مقننة
Registrar	**مسجل**
Accredited domain Registrar	مسجل أسماء نطاقات معتمد
Domain registrar	مسجل أسماء النطاقات
Electronic registrar	مسجل إلكتروني
Ethical domain registrar	مسجل أسماء نطاقات أخلاقي
Less ethical domain registrar	مسجل أسماء نطاقات أقل أخلاقية
Registration	**تسجيل**
Bad faith domain name registration	تسجيل اسم نطاق سيء النية
Malicious registration of domain name	تسجيل غير سليم لاسم نطاق
Registration in reverse order of a word mark	تسجيل علامة مكونة من مقلوب كلمة
Undue registration of domain name	تسجيل في غير محله لاسم نطاق
Registry	**سجل**
Regional Internet Registry	مسجل إقليمي شبكي. جهة لا تتوخى الربح تضطلع بتخصيص عناوين البروتوكولات الشبكية على المستوى الإقليمي لمانحي الخدمة الشبكية والمسجلين المحليين.
Regulate	**ينظم تنظيما قانونيا**
Regulator	**جهة تنظيم قانوني**
Regulation	**تنظيم قانوني**
Over-regulation	تنظيم قانوني زائد عن الحد
Rehabilitate	**يصلح**
Rehabilitation	**إصلاح**
Juvenile rehabilitation	إصلاح الأحداث
Reinstate	**يعيد موظف إلى وظيفته**
Reinsure	**يعيد التأمين**
Reinsurance	**إعادة تأمين**
Shariah-compliant reinsurance	إعادة تأمين متوافقة مع الشريعة
Reinsurer	**معيد تأمين**
Relate	**يتصل بـ**
Relations	**علاقات**
International relations	علاقات دولية
Reciprocal relations	علاقات قائمة على المعاملة بالمثل
Relationship	**علاقة**
Attorney-client relationship	علاقة المحامي والعميل
Relative	**قريب**
First degree relative	قريب من الدرجة الأولى
Second degree relative	قريب من الدرجة الثانية
Release	**يفرج عن، يخلي سبيل، يطلق، يتخلى عن حق، إعفاء من التزام، إذن بالنشر، إخلاء سبيل، بيان صحفي**
Legal press release	بيان صحفي قانوني
Payment release	الإفراج عن دفعة مالية
Press release	بيان صحفي
Release of imprisoned persons	إفراج عن أشخاص مسجونين
Release of police records	إفراج عن سجلات شُرَطِية
Release of suspect	إخلاء سبيل مشتبه به
Unauthorized release of financial information	إفراج بلا سند عن معلومات مالية
Remark	**يشير، إشارة، ملاحظة**
Remarks	**إشارات**
Abusive remarks	إشارات مسيئة
Sexual remarks	إشارات جنسية
Remedy	**جبر، مداواة، رفع ظُلامة**
Remedial	**جبري**
Renewal	**تجديد**
Contract automatic renewal	تجديد عقد أوتوماتيكي
Negotiated contract renewal	تجديد عقد تم التفاوض لأجل الاتفاق عليه
Repair	**يصلح، إصلاح، ترميم**
Repair of harm	إزالة الضرر
Report	**يقدم تقريرا، يبلغ، تقرير**
Auditor's inspection report	تقرير بشأن التفتيش الذي أجراه المدقق
Due diligence report	تقرير المراجعة الواجبة
Judicial inspection report	تقرير بشأن تفتيش قضائي
Legal audit report	تقرير التدقيق القانوني
Legal due diligence report	تقرير المراجعة القانونية الواجبة
Serveyor's assessment report	تقرير تقييم المختص بالمسح
Reporting	**القيام بتقديم التقارير**
Reporting to the proper authority	تقديم تقارير العمل للمدير الصحيح
Represent	**يمثل**

Representative	**ممثل**
Employees' Bargaining representative	ممثل العاملين في المساومة. الشخص الذي يمثل العاملين في مساومتهم مع رب العمل والتي يطالبون من خلالها تحسين أوضاعهم.
Representation	**تمثيل**
Board representation	تمثيل مجلسي
Unequal board representation	تمثيل مجلسي غير متساو
Republic	**جمهورية**
Constitutional republic	جمهورية دستورية. نظام قانوني سياسي قائم على انتخاب رئيس يمثل الشعب ويحكم وفقا لدستور.
Republican	**جمهوري. شخص يؤمن بالنظام الجمهوري.**
Republicanism	**الجمهورية. توجه فكري فلسفي قانوني سياسي مفاده الإيمان بالنظام الجمهوري بحسبانه النظام القانوني السياسي الأمثل.**
Constitutional republicanism	الجمهورية الدستورية. توجه فكري سياسي قانوني مفاده الإيمان بالنظام الجمهوري الدستوري.
Request	**يطلب، طلب**
Request for arbitration	طلب تحكيم
Request to replace judge	طلب لاستبدال القاضي
Reschedule	**يعيد تحديد أجل لمهمة أو أكثر**
Rescheduling	**إعادة تحديد أجل**
Loan rescheduling	إعادة تحديد أجل لقرض
Resist	**يقاوم**
Resistance	**مقاومة**
Arrest resistance	مقاومة القبض. سعي الشخص لمنع الشرطة من القبض عليه، وهو ما يعد جرما في حد ذاته.
Legitimate resistance	مقاومة مشروعة
Occupation resistance	مقاومة الاحتلال
Resolution	**حل، قرار**
Alternative dispute resolution	الحل البديل للنزاعات. طرق غير قضائية لحل وفض المنازعات، وأهم تلك الطرق وأبرزها الوساطة والتحكيم.
Appropriate dispute resolution	حل ملائم للنزاعات. عنوان جديد تم اقتراحه ليكون بديلا عن عنوان الحل البديل للنزاعات تأسيسا على أنه ليس من الصحيح النظر إلى القضاء بحسبانه الإطار الأصيل الوحيد لحل النزاعات والذي يعد كل ما دونه بديلا، وأنه لابد من اختيار الإطار الأكثر ملاءمة لحل النزاع.
Board resolution	قرار صادر عن مجلس
Board of directors resolution	قرار صادر عن مجلس الإدارة
General Assembly resolution	قرار للجمعية العامة
Conflict resolution	حل نزاع، حل النزاعات
Dispute resolution	حل النزاعات
Non-court dispute resolution	حل للنزاعات خارج المحكمة
Domain name dispute resolution	حل النزاعات المتصلة بأسماء النطاقات
Security Council resolution	قرار لمجلس الأمن
Self-directed resolution	قرار صادر بناء على جهود ذاتية. قرار قانوني لتسوية نزاع صادر إثر اعتماد آلية ذاتية التوجيه لتسوية النزاع مثل الوساطة ذاتية التوجيه.
Unanimous resolution	قرار إجماعي، قرار صادر بالإجماع
United Nations resolution	قرار للأمم المتحدة
Resource	**مورد**
Resources	**موارد**
Alternative Dispute Resolution resources	موارد الوسائل البديلة لحل النزاعات
Respondent	**مُحتكَمٌ ضده، مُجيب، المجيب عن الادعاء. يعطى هذا الوصف للمحتكَم ضده في إطار التحكيم.**
Responsible	**مسئول**
Responsibility	**مسئولية**
Civil responsibility	مسئولية مدنية
Corporate responsibility	مسئولية مؤسسية، مسئولية الشركة

Criminal responsibility	مسئولية جنائية
Diminished responsibility	مسئولية متناقصة
Employer's responsibility	مسئولية رب العمل
Executive responsibility	مسئولية تنفيذية
Social responsibility	مسئولية اجتماعية
State's responsibility	مسئولية الدولة
Respond	**يجيب، يرد على الادعاء**
Respondent	**محتكَمٌ ضده، مُجيب، مدعى عليه. يطلق هذا التعبير على الطرف المُدعى عليه في التحكيم.**
Response	**إجابة، الرد الذي يقدمه المدعى عليه في التحكيم**
Restrict	**يقيد**
Restrictions	**قيود**
Post employment restrictions	قيود ما بعد الوظيفة. قيود تفرضها بعض عقود العمل على الموظفين تحد من قدرتهم على إيجاد فرص عمل مشابهة بعد تركهم العمل.
Restrictive	**تقييدي**
Restructure	**يعيد هيكلة**
Restructuring	**إعادة هيكلة**
Legal restructuring	إعادة هيكلة قانونية
Corporate legal restructuring	إعادة هيكلة قانونية مؤسساتية
Retain	**يستبقي، يوكل محاميا**
Retained	**مُستبقى، موكلٌ إليه**
Retardation	**إعاقة، خلل، تخلف**
Mental retardation	إعاقة ذهنية
Retarded	**مختل، مَعُوقٌ**
Mentally retarded	مَعوقٌ ذهنياً
Retire	**يتقاعد، يحيل إلى التقاعد، ينكفئ، يتراجع، يتقهقر**
Retired	**متقاعد**
Retiring to consider	تعبير يطلق على عملية خروج القاضي من قاعة الجلسة ليقوم بالنظر في القضية.
Revenue	**دخل**
Lost revenue	دخل فائت. أحيانا يعوض الطرف الذي أصابه ضرر نتيجة إخلال طرف آخر متعاقد معه تعويضاً يغطي العائد الضائع الذي تسبب الضرر في تفويت الفرصة عليه لتحقيقه.

Review	**يراجع، ينظر في، مراجعة**
Appellate review	مراجعة استئنافية
Contract review	مراجعة العقد
Judgment review	مراجعة الحكم القضائي
Judicial review	مراجعة قضائية
Judicial review of administrative acts	مراجعة قضائية للإجراءات الإدارية
Judicial review of primary legislation	مراجعة قضائية لتشريع ابتدائي
Legal review	مراجعة قانونية
Legislation review	مراجعة تشريع
Review of arbitration awards	مراجعة أحكام التحكيم
Sharia review	مراجعة شرعية
Reviewer	**مراجع**
Legal reviewer	مراجع قانوني
Sharia reviewer	مراجع شرعي
Revoke	**يبطل، يلغي، يسحب**
Revoked	**مُبطَل، مَلغِي**
Revoking	**إبطال، سحب**
Right	**يصحح، يعدل، ينصف، يستعيد وضعه الصحيح، حق، صحيح، مناسب**
Absolute right	حق مطلق. حق لا حدود له، مثل حق ملكية عقار.
Conditional right	حق مشروط. حق مقيد بشروط معينة. يعد حق المؤلف من الحقوق المشروطة وليس من الحقوق المطلقة.
Enforceable right	حق قابل للإنفاذ
Exclusive right	حق حصري، حق استئثاري. الحق الذي يقتصر أو يخص صاحبه دون مشاركة الغير له فيه.
Exercisable right	حق قابل للممارسة
Fundamental right	حق أصيل
Indigenous peoples' right to control their intellectual property	حق الشعوب المحلية في السيطرة على ممتلكاتهم الفكرية
Indigenous peoples' right to define their intellectual property	حق الشعوب المحلية في تعريف على ممتلكاتهم الفكرية

Negative right	حق سلبي
Positive right	حق إيجابي
Pre-emption right	حق شخص في تملك شيء على نحو تكون له فيه أفضلية على الغير. من أمثلته حق المساهمين في تملك أسهم على وشك الإصدار على نحو تعطى لهم بموجبه أفضلية.
Resale right	الحق في إعادة البيع
Right of access to knowledge	الحق في سبيل المعرفة. حق الإنسان أن يتاح له السبيل الضروري للوصول إلى المعرفة.
Right of education	حق التعليم
Right of first offer	الحق في العرض الأول
Right of first refusal	حق الرفض الأول
Right of inspection	الحق في التفتيش
Right of return	حق العودة
Right of self-determination	حق تقرير المصير
Right of substitution	حق الاستبدال. حق استبدال القاضي في حالة وجود مسوغ.
Right of the child	حق الطفل
Right to a lawyer	الحق في الاستعانة بمحام
Right to create new knowledge based on cultural tradition	الحق في الابتكار الخلاق للمعارف الجديدة تأسيسا على التقاليد الثقافية
Right to cure or respond	الحق في الإصلاح أو الاستجابة
Right to Due Process	الحق في اتخاذ الإجراءات الواجبة
Right to education	الحق في التعليم
Right to equality before the law	الحق في المساواة أمام القانون
Right to form labor organization	الحق في تشكيل المنظمات العمالية
Right to grand jury	الحق في المثول في محاكمة تفصل فيها هيئة محلفين كبرى
Right to injunction	الحق في حكم وقتي. حق الشاكي في الحصول على حكم وقتي غرضه مثلا إبقاء وضع ما على ما هو عليه حرصا على تجنب حصول ضرر جسيم.
Right to jury trial	الحق في الخضوع لمحاكمة يفصل فيها محلفون
Right to life	الحق في الحياة
Right to political speech	الحق في التعبير السياسي
Right to privacy	الحق في الخصوصية
Right to protect and control dissemination of knowledge	الحق في حماية نشر المعرفة والسيطرة عليها
Right to remain silent	الحق في الصمت
Right to self determination	حق تقرير المصير
Right to stay anonymous	الحق في اتخاذ صفة المجهول. يعد حقاً أساسياً من حقوق المؤلفين والمبدعين والمدونين.
Right to vote	حق التصويت
Right to water	الحق في الماء
Unenforceable right	حق غير قابل للإنفاذ
Unexercisable right	حق غير قابل للممارسة
Rights	**حقوق**
Civil rights	حقوق مدنية
Collective intellectual property rights	حقوق ملكية فكرية جماعية
Collective property rights	حقوق ملكية جماعية
Common law rights	حقوق قانون عام
Constitutional rights	حقوق دستورية
Contractual rights	حقوق تعاقدية
Cultural rights	حقوق ثقافية
Database rights	حقوق منصبة على قواعد البيانات
Digital rights	حقوق رقمية
Economic rights	حقوق اقتصادية
Exhibition rights	حقوق عرض
Exit rights	حقوق الخروج. حقوق المستثمر التي تمكنه من الخروج من النشاط التجاري الذي دخله مستثمرا على نحو سلس.
Fair Dealing Rights	حقوق التعامل المنصف. الحقوق المنبثقة عن التعامل الذي لا يعد انتهاكاً لحق النشر.
Freedom of speech rights	الحقوق المنبثقة عن حرية التعبير. تحمي هذه الحقوق استخدام أسماء الشخصيات العامة ومحياهم على نحو سليم

Fundamental rights	حقوق أصيلة
Human rights	حقوق إنسان
Inalienable rights	حقوق غير قابلة للتصرف. حقوق لا يمكن لإنسان التخلي عنها ولو طواعية فهي شديدة الالتصاق بكينونته البشرية الإنسانية، مثل حق تقرير المصير وحق العودة للوطن.
Inalienable rights	حقوق غير قابلة أن تفصل عن صاحبها
Indigenous intellectual property rights	حقوق ملكية فكرية محلية
Indigenous people's rights	حقوق شعوب محلية
Industrial design rights	حقوق ملكية صناعية
Inherent rights	حقوق جذرية
Intellectual property rights	حقوق الملكية الفكرية
Minorities rights	حقوق الأقليات
Minority shareholders' rights	حقوق المساهمين الذين ينتمون إلى أقلية المساهمين
Monopoly pricing rights	حقوق تسعير احتكارية
Monopoly rights	حقوق احتكارية
Moral rights	حقوق معنوية
Moral rights	حقوق معنوية مجردة. معترف بها في أوروبا وليس بالولايات المتحدة الأمريكية.
Natural rights	حقوق طبيعية. حقوق مستلهمة من الطبيعة وينظر لها على أنها أصلية وموجودة لدى كل البشر.
Planters' rights	حقوق مزارعين. هي ما يمنح من مزايا للمزارعين لأجل الحفاظ على، وتحسين، وتوفير الموارد الوراثية النباتية.
Political rights	حقوق سياسية. الحقوق ذات الطبيعة السياسية التي يتمتع بها المواطنون والتي من أبرزها حق التصويت وحق تكوين الأحزاب وحق الترشح للمناصب العامة.
Preemptive rights	حقوق وقائية
Publication rights	حقوق نشر
Rebroadcasting rights	حقوق إعادة البث
Rights in designs	حقوق منصبة على التصميمات
Rights in domain names	حقوق منصبة على أسماء النطاقات. تعد الحقوق في أسماء النطاقات حقوقاً شبيهة بحقوق الملكية الفكرية أو ملحقة بها.
Rights in trade secrets	حقوق منصبة على الأسرار التجارية. تعد الحقوق في الأسرار التجارية شبيهة أو ملحقة بحقوق الملكية الفكرية.
Rights of man	حقوق الإنسان
Rights of the accused	حقوق المتهم. الحقوق التي يتمتع بها المتهم فيما يتصل بمحاكمته والتي من أهمها حقه في أن يكون لديه محام يدافع عنه. وبالنسبة للمتهمين في القضايا الجنائية فمن بين أبرز حقوق المتهم الجنائي الحق في محاكمة سريعة.
Semi-conductor topography rights	حقوق منصبة على طوبوغرافية أشباه الموصلات
Shareholder's essential rights	حقوق المساهمين الأساسية. الحقوق التي لا يمكن منع المساهمين من التصرف فيها مثل الحصول على المعلومات الصحيحة والتصويت والمشاركة في الأرباح.
Shareholders rights	حقوق المساهمين
Social rights	حقوق اجتماعية
Statutory rights	حقوق مكتوبة. حقوق واردة نصا ضمن القوانين.
Sui generis exclusive rights	حقوق حصرية ذات طبيعة خاصة
Technology rights	حقوق متصلة بتقنية
The rights of the visually impaired people to have access to reading materials	حق المعُوقين بصريا في الوصول إلى المواد المقروءة. تسعى المنظمة العالمية للملكية الفكرية إلى تعزيز هذا الحق من خلال إعداد معاهدة مع الاتحاد العالمي للمكفوفين والبرلمان الأوروبي تنص على السماح للمعوقين بصريا بتناول المواد الفكرية المحمية على أساس أن هذا الاستعمال هو شكل من أشكال الاستعمال المنصف.

Rip	**ينتزع**
Ripper	**لص**
Music ripper	لص موسيقى
Rip of	**ينهب**
Ripping off	**نهب**
Risk	**يخاطر، يجازف، يعرض للخطر، مخاطرة، مجازفة**
Legal risk	مخاطرة قانونية
Legislative risk	مخاطرة تشريعية
Rob	**ينهب، يسرق**
Robber	**ناهب، سارق، لص**
Electronic bank robber	ناهب بنوك إلكتروني. شخص مختص بنهب البنوك من خلال وسائل إلكترونية.
Repeat robber	نهاب قام بالنهب أكثر من مرة
Robbing	**القيام بعملية النهب**
Robbery	**نهب، سلب، لصوصية**
Bank robbery	نهب بنك
Electronic robbery	نهب إلكتروني
Rule	**يحكم، حكم، حكم سياسي، قاعدة**
Rule of law	حكم القانون
Rule of Majority	حكم الأغلبية
Rules	**قواعد**
Domain dispute resolution rules	قواعد حل نزاعات أسماء النطاقات
Fiqhi rules	قواعد فقهية. قواعد أفرزها البحث الفقهي والتزم بها الفقهاء والمفتون والقضاة، كل حسب مذهبه.
International Chamber of Commerce rules of arbitration	قواعد التحكيم الخاصة بغرفة التجارة الدولية
Rules of arbitration	قواعد تحكيم
Rules of conciliation	قواعد تسوية
Rules of mediation	قواعد وساطة
UNCETRAL rules of arbitration	قواعد يونسترال للتحكيم. القواعد المنظمة للتحكيم الصادرة عن مفوضية الأمم المتحدة بشأن قوانين التجارة.
Ruling	**حكم**
Fiqhi ruling	حكم فقهي
Religious ruling	حكم ديني
Shari'a ruling	حكم شرعي

S

Sadism سادية. التلذذ بتعذيب الغير وإيذائه.
Sadist سادي
Safe آمن
Safety أمن
Digital safety الأمن الرقمي
Employee safety أمن الموظف
Online safety الأمن على الخط الحيوي. الأمن في عالم الشبكة البينية أو الإنترنت.
Work safety الأمن في العمل
Sale بيع
First commercial sale البيع التجاري الأول
Satisfaction رضا
Satisfactory مرضٍ
Victim satisfaction رضا الضحية. شعور الضحية بالرضا نتيجة الاقتصاص من الجاني.
Satisfy يرضي
Scholar عالم
Legal scholar عالم قانون
Sharia scholar عالم شريعة. مختص بالشريعة الإسلامية.
Scholarship علم
Legal scholarship علم قانوني، دراية قانونية
Seat يجلس، مكان جلوس، مقر
Arbitral seat مقر التحكيم
Seat of arbitration مقر التحكيم
Secrecy سرية
Security أمن
Food security أمن غذائي
Global security أمن عالمي
International security أمن دولي
National security أمن قومي
Secrecy of information سرية المعلومات
Self-dealing التعامل مع النفس. إبرام تعاملات مع النفس وهو ما قد يُعد صورة من صور الفساد.
Self-defense دفاع عن النفس
Self-incrimination اتهام الذات، إعطاء إجابة تدين النفس
Self-murder قتل النفس
Self-punishment معاقبة النفس
Sell يبيع
Seller بائع
Selling القيام
Fraudulent franchise selling بيع امتياز احتيالي
Sentence ينزل عقوبة، عقوبة
Death sentence عقوبة الموت
Sentences عقوبات
Alternative sentences عقوبات بديلة
Mandatory sentences عقوبات وجوبية
Sentencing تقرير عقوبة، معاقبة
Separate ينفصل، يفصل، منفصل
Separation انفصال، فصل
Employee separation انفصال موظف
Marital separation انفصال زواجي
Separation of church and state الفصل بين الكنيسة والدولة
Separation of powers الفصل بين السلطات
Separatist انفصالي
Sequestrate يضع الشيء تحت الحراسة
Sequestration حراسة
Sequestrator الشخص الذي يتم وضع الشيء ـ المقرر وضعه تحت الحراسة ـ تحت حراسته.
Severable يفصلا، يقطع، ينفصل، قابل لأن يعد منفصلا
Severability قابلية الشيء لأن يعد منفصلا
Serving القيام بالخدمة
Serving the Company's public good خدمة الصالح العام للشركة
Serving the organization's best interest خدمة المصلحة المثلى للشركة
Settle يُسَوِّي، يستوطن، يوطن
Settlement تسوية، مستوطنة

Amicable settlement of disputes	تسوية ودية للنزاعات
Negotiated settlement	تسوية منبثقة عن مفاوضات
Pre-arbitration settlement	تسوية سابقة على التحكيم
Pre-judgment settlement	تسوية سابقة على الحكم
Pre-trial settlement	تسوية سابقة على المحاكمة
Settlements	**مستوطنات**
Illegitimate settlements	مستوطنات غير شرعية
Shari'e	**شرعي**
Shara'	**شرع**
Sharia	**شريعة**
Shari'a islameyah	**شريعة إسلامية**
Share	**يشارك، سهم**
Shareholder	**مساهم**
Majority shareholder	مساهم ينتمي إلى أغلبية المساهمين
Minority shareholder	مساهم ينتمي إلى أقلية المساهمين
Voting share	سهم ذو صوت
Sharing	**مشاركة**
Revenue sharing	مشاركة في العائد
Risk sharing	مشاركة في المخاطرة
Shell	**يقذف بالقنابل، قوقعة، هيكل مبني غير منجز**
Empty shell	قوقعة فارغة. تعبير توصف به الشركة عندما تجرد من أصولها.
Site	**يختار موقعا، يحدد الموقع، موقع**
Copyrighted site	موقع محمي بحق النشر
Legitimate site	موقع شرعي
Neutral site	موقع محايد. مكان محايد يتم إجراء التحكيم فيه.
Situate	**يضع**
Situation	**وضع، وضع خاص**
Impossible home situation	وضع منزلي مستحيل
Socialize	**ينشئ. يعد الجيل التالي إعداداً شخصياً وفق وجهة فكرية معينة.**
Socialization	**تنشئة**
Legal socialization	تنشئة قانونية. إعداد الأشخاص وتهيئتهم لفهم القانون وإحسان التعامل معه.
Socialism	**اشتراكية**
Legal socialism	اشتراكية قانونية
Society	**مجتمع**
Lawless society	مجتمع بلا قانون
Litigious society	مجتمع كثير اللجوء للقاضي
Solicit	**يجتذب، يستعطي**
Solicitation	**اجتذاب**
Solicitation of Employees	اجتذاب موظفين
Solicitor	**محامي مدينة، مستشار عقود**
Solicitor general	نائب عام
Solution	**حل**
Legal solution	حل قانوني
Shari'a-compliant solution	حل متوافق مع الشريعة
Source	**مصدر، أصل، منشأ**
Sources	**مصادر**
Sources of sharia-based legislation	مصادر التشريع المنبثق عن الشريعة
Sovereign	**ذو سيادة، سيد، جهة السيادة**
Sovereignty	**سيادة**
Defacto sovereignty	سيادة واقعية
Dejure sovereignty	سيادة حكمية
Food sovereignty	سيادة غذائية
Formal sovereignty	سيادة شكلية
Legal sovereignty	سيادة قانونية
Material sovereignty	سيادة مادية
Parliamentary sovereignty	سيادة برلمانية
Political sovereignty	سيادة سياسية
Popular sovereignty	سيادة شعبية
Real sovereignty	سيادة حقيقية
Symbolic sovereignty	سيادة رمزية
Tribal sovereignty	سيادة قبيلة
Speech	**كلمة، كلام**
Hate speech	كلام مُفعم بالكراهية
Spin out	**انقسام شركة لأكثر من شركة.**
Spin off	**انقسام شركة لأكثر من شركة.**
Spirit	**روح**
Spirit of the law	روح القانون
Spouse	**زوج**
Spreading	**نشر**

Criminalized rumors spreading	نشر شائعات مجرم
Panic spreading	نشر الذعر
Start	**يبدأ، بداية**
Start ups	**كيانات مبتدئة**
Business start-ups	كيانات تجارية مبتدئة
State	**يقر، دولة، حالة**
Mini-state	دولة صغيرة
Nation-state	دولة قومية
State of emergency	حالة طوارئ
State of legal residence	بلد الإقامة القانونية
State of mind	حالة ذهنية
Statist	**مذهب يسعى لإقامة الدولة وتعزيز وضعها وهو التوجه الذي يعاكس الفوضوية**
Statement	**إفادة، بيان**
Closing statement	بيان ختامي
Opening statement	بيان افتتاحي
Privacy statement	بيان الخصوصية
Statement of claim	بيان الدعوى
Statement of relief sought	بيان الجبر المرغوب فيه
Violent statement	عبارة عنفية
Statements	**إفادات**
Actionable statements	عبارات يمكن اتخاذ الإجراءات القانونية في مواجهة قائلها
Advertising statements	بيانات إعلانية
Deceptive financial statement	بيانات مالية خادعة
Defamatory statements	عبارات تشويهية
Falsified financial statements	بيانات مالية مزورة
Financial statements	بيانات مالية
Misleading advertising statements	بيانات إعلانية مضللة. من أمثلتها البيانات التي استخدمتها شركات دخان والتي تفيد بأن لفائف التبغ الموجودة داخل علبة اللفائف معبأة بدخان خفيف في حين إنها ليست كذلك. ويعد استخدام إفادات إعلانية مضللة جريمة تجارية.
Statistics	**إحصاء**
Crimes Statistics	إحصاءات جرائم
Statute	**قانون مكتوب**
Statutes	**قوانين مكتوبة**
Company statutes	الأوراق المنظمة لعمل الشركة والتي تعد قانونا مكتوبا بالنسبة لها، وتشمل الأوراق التأسيسية واتفاقات الحوكمة.
National arbitration statutes	قوانين التحكيم الوطني المكتوبة
Penalty enhancement statutes	قوانين تغليظ العقوبة المكتوبة
Steal	**يسرق**
Stealing	**سرقة**
Web traffic Stealing	سرقة حركة السير. توجيه حركة السير الشبكي بطرق غير شرعية نحو موقع معين و/أو منعها من التوجه لموقع معين.
Strategist	**إستراتيجي**
Legal strategist	إستراتيجي قانوني
Strategy	**إستراتيجية**
Arbitration strategy	إستراتيجية التحكيم. إستراتيجية محامي التحكيم في الدفاع عن مطالبة موكله خلال عملية التحكيم.
Case strategy	إستراتيجية القضية. إستراتيجية المحامي في الدفاع عن مطالبه موكله خلال عملية التقاضي.
Court strategy	إستراتيجية الترافع أمام المحكمة
Exit strategy	إستراتيجية الخروج. إستراتيجية المستثمر للخروج من الإطار الاستثماري الذي ارتبط به.
Legal negotiation strategy	إستراتيجية المفاوضات القانونية
Trial strategy	إستراتيجية المرافعة. خطة المحامي في مرافعته.
Strategies	**إستراتيجيات**
Anti-money laundry strategies	إستراتيجيات مواجهة غسيل أموال
Strike	**يضرب، إضراب**
Structure	**يهيكل، هيكل**
Company's legal structure	الهيكل القانوني الخاص بالشركة
Governance structure	هيكل الحوكمة

Joint Venture's Governance structure	هيكل الحوكمة الخاص بشركة المحاصة
Structuring	**هيكلة**
Legal structuring	هيكلة قانونية
Suable	**يمكن مقاضاته**
Suablility	**القابلية للتقاضي**
Subpoena	**استدعاء للمثول أمام المحكمة**
Suicide	**انتحار**
Assisted suicide	انتحار مقترن بمعونة
Suicide by police	انتحار بواسطة الشرطة. تعبير يطلق على من يقتل نفسه من خلال تهديد رجل شرطة أو الامتناع عن تنفيذ أوامر الشرطة بغية أن يقوم رجل الشرطة بقتله.
Suit	**دعوى**
Law suit	دعوى قانونية
Suits	**دعاوى**
Illegal lay off suits	دعاوى تسريح غير قانوني عن العمل
Pending law suits against the company	دعاوى قانونية منظورة مرفوعة ضد الشركة
Pending law suits filed by the company	دعاوى قانونية منظورة مرفوعة من قبل الشركة
Supersede	**يَجُبُّ، يعلو، يسمو**
Superseding	**علو، سمو**
Supremacy	**سمو**
Legislative supremacy	سمو تشريعي
Surrendering	**تسليم، استسلام**
Surrendering the company's stocks	تسليم أسهم الشركة
Survey	**يقدر، يعاين، يمسح، مسح، تقرير مسحي**
Legal survey	مسح قانوني
Pre-purchase survey	مسح ما قبل الشراء
Underwater survey	مسح تحت الماء. فحص يجريه مساح بحري لاستجلاء ملابسات حادث يقوم خلاله بفحص المواد الغاطسة.
Surveying	**مسح**
Marine surveying	مسح بحري
Surveyor	**مساح**
Marine surveyor	مساح بحري
Survive	**يبقى، ينجو**
Survival	**بقاء**
Suspect	**يشتبه، مشتبه به**
Suspicion	**شك**
System	**نظام**
Civil law system	نظام قانون مدني
Common law system	نظام قانون عام
Court system	نظام محاكم
International legal system	النظام القانوني الدولي
Judicial system	نظام قضائي
Legal system	نظام قانوني
Mixed court system	نظام محاكم مختلط
Online judicial system	نظام قضائي عبر الخط الحيوي
Parliamentary system	نظام برلماني. نظام سياسي قانوني عام يتمتع فيه البرلمان بالصلاحيات الأوسع.
Penal system	نظام عقابي، نظام جزائي
Precedence-based legal system	نظام قانوني مؤسس على السوابق. نظام يولي مكانة عليا للسوابق القضائية في بناء الأحكام والقوانين.
Presidential system	نظام رئاسي. نظام سياسي قانوني عام يتمتع فيه الرئيس بالصلاحيات الأوسع.

T

Tacit	**ضمني**
Tactic	**تكتيك، أسلوب، أسلوب خاص**
Tactics	**تكتيكات، أساليب، أساليب خاصة**
Mafia-like extortion tactics	تكتيكات ابتزاز مشابهة لأسلوب المافيا
Trial tactics	تكتيكات المرافعات
Takeover	**يستولي على، يسيطر على، استيلاء**
Reverse takeover	استيلاء عكسي
Taking	**أخذ**
Excessive legal risk taking	أخذ مخاطرة قانونية مبالغ فيه
Reasonable legal risk taking	أخذ مخاطرة قانونية على نحو معقول
Tamper	**يحاول التأثير على، يعبث، يتلاعب**
Tampering	**محاولة التأثير في**
Jury tampering	محاولة التأثير على المحلفين. محاولة التأثير على المحلفين للتصويت على نحو يخفف العقوبة عن الجاني أو يزيلها، ويتحقق التأثير سواء استخدمت القوة والعنف أم تم الاكتفاء بالتلويح بهما أم تمت محاولة التأثير بوسائل أخرى.
Tampering with evidence	التلاعب في الأدلة
Victim tampering	محاولة التأثير على الضحية. محاولة التأثير على الضحية لتبديل أقوالها على نحو يخفف العقوبة عن الجاني أو يزيلها، ويتحقق التأثير سواء استخدمت القوة والعنف أم تم الاكتفاء بالتلويح بهما أم تمت محاولة التأثير بوسائل أخرى.
Witness tampering	محاولة التأثير على الشاهد. محاولة التأثير على الشاهد لتبديل أقواله على نحو يخفف العقوبة عن الجاني أو يزيلها، ويتحقق التأثير سواء استخدمت القوة والعنف أم تم الاكتفاء بالتلويح بهما أم تمت محاولة التأثير بوسائل أخرى.
Taqalid	**تقاليد**
Taqlid	**تقليد**
Target	**يستهدف، هدف**
Take-over target	تعبير يطلق على الشركة المتوخى الاستيلاء عليها
Taqnin	**تقنين**
Tashri'e	**تشريع**
Taxation	**جبي ضرائب**
Over taxation	فرض ضرائب أعلى مما يجب
Tenets	**عقائد**
Basic tenets of the constitution	قواعد الدستور الأساسية
Term	**يسمي، يدعو، مدة، بند، شرط، مصطلح**
Contract term	مدة العقد
Fixed term	مدة ثابتة
Initial term of agreement	مدة الاتفاق المبدئية. مدة الاتفاق قبل تجديده.
Term of Agreement	مدة الاتفاق
Terminable	**قابل للإنهاء**
Termination	**إنهاء**
Abusive termination	إنهاء متعسف
Automatic termination	إنهاء أوتوماتيكي
Early termination	إنهاء مبكر
Force majeure based-termination	إنهاء مستند إلى حالة قوة قاهرة
Illegitimate termination	إنهاء غير شرعي
Termination for cause	إنهاء مؤسس على سبب
Termination for good cause	إنهاء مؤسس على سبب وجيه
Termination for non performance	إنهاء لعدم الأداء. إنهاء عقد تأسيساً على عدم قيام الطرف الآخر بأداء واجباته التعاقدية.
Timely termination	إنهاء ف يوقت مناسب

Undue termination	إنهاء مفتقر لسند سليم
Undue termination of employment	إنهاء عمل مفتقر لسند سليم
Unilateral termination	إنهاء من طرف واحد
Voluntary termination	إنهاء طوعي
Terms	**بنود، مصطلحات**
International Commercial Terms	إنكوتيرمز. أطر تعاقدية صادرة عن غرفة التجارة الدولية تنظم عمليات تجارية دولية غايتها توزيع المسئوليات التعاقدية بين البائع والمشتري.
Terms of acquisition offer	شروط عرض الاستحواذ
Territory	**إقليم**
Contract territory	تعبير يطلق على المساحة الجغرافية التي التي يحددها المتعاقدون لتنفيذ العقد فيها
Terror	**إرهاب، ذعر**
Terrorist	**إرهابي**
Independent terrorist	إرهابي مستقل
Terroristic	**ذو نزعة إرهابية**
Terrorize	**يرهب**
Terrorism	**إرهاب**
State terrorism	إرهاب الدولة
Test	**يختبر، اختبار**
Testimony	**شهادة**
Expert testimony	شهادة خبير
Eyewitness testimony	شهادة شاهد عيان
Testing	**القيام بالاختبار**
Fingerprint testing	اختبار البصمات
Forensic Blood testing	اختبار الدم اختبار طب الشرعي
Forensic DNA testing	اختبار طب شرعي للدي إن إيه
Forensic Drug testing	اختبار طب شرعي لمخدر
Forensic psychological testing	اختبار طب شرعي نفسي
Forensic toxicology testing	اختبار طب شرعي للسموم
Parental testing	اختبار الأبوة
Theft	**سرقة**
Art theft	سرقة الفن
Bandwidth theft	سرقة موجات بث
Data theft	سرقة بيانات
Idea theft	سرقة الأفكار
Identity theft	سرقة الهوية
Indigenous knowledge theft	سرقة معرفة محلية
Information theft	سرقة المعلومات
Knowledge theft	سرقة المعرفة
Laptop theft	سرقة الحاسبات الخفيفة
Online theft	سرقة على الخط الحيوي
Secret information theft	سرقة معلومات سرية
Traditional knowledge theft	سرقة المعرفة التقليدية
Virtual theft	سرقة افتراضية
Theorist	**مُنَظِّر**
Legal theorist	مُنَظِّر قانوني
Theorization	**تنظير**
Legal theorization	تنظير قانوني
Theorize	**ينظر**
Theory	**نظرية**
Differential association theory	نظرية مفادها أن المرء يكتسب السلوك الإجرامي من خلال التفاعل مع الآخرين.
International legal theory	النظرية القانونية الدولية
Social control theory	نظرية السيطرة الاجتماعية. نظرية مفادها أن التنشئة الاجتماعية تسهم في بناء المرء آليات سيطرة شخصية داخلية تمنعه من مخالفة القانون.
Strain theory	نظرية مفادها أن بعض الأطر والأبنية الاجتماعية والاجتماعية/الاقتصادية تسهم في تحفيز السلوك الإجرامي.
Theory of justice	نظرية العدالة
Thief	**سارق، لص**
Virtual thief	لص افتراضي
Time	**يحسب الوقت، يوقت، وقت، عصر**
Time is of the essence	الوقت جوهري. عبارة ترد في كثير من العقود مفادها أن التزام طرف بالمدة المقررة لتنفيذ التزامه ضروري من أجل أن يقوم الطرف الآخر بالتزام مقابل.
Timely	**في الوقت المناسب**

Title	**يسمي، يعنون، يلقب، سند ملكية، اسم منصب**
Marketable title	سند قابل للتسويق. سند لعقار يعد خاليا من العيوب مما يمكن للمحكمة أن تفرض شراءه من قبل مشترٍ.
Undisputed title	سند ملكية غير متنازع فيه
Tort	**ضرر، أذى**
Torture	**يعذب، تعذيب**
Systematic torture	تعذيب ممنهج
Trade	**يتاجر، يتاجر، يقايض، مقايضة، حقل تجاري**
Trader	**تاجر**
Sole trader	تاجر مستقل
Trading	**يتاجر**
Share trading	متاجرة بالأسهم
Unethical share trading	متاجرة غير أخلاقية بالأسهم
Traffic	**يسوق، حركة سير**
Web traffic	حركة السير على الشبكة البينية
Trafficking	**سَوْق**
Children trafficking	متاجرة بالأطفال
Human trafficking	متاجرة بالبشر
Trafficking in persons	المتاجرة بالأشخاص
Trafficker	**مُتاجر بسوق الأشخاص**
Transact	**يجري معاملة**
Transaction	**معاملة**
Transactions	**معاملات**
Business to business transactions	عمليات تجارية من شركة إلى شركة
Business to consumer transactions	عمليات تجارية من شركة إلى مستهلك
Business to government transactions	عمليات تجارية من شركة إلى حكومة
Consumer to consumer transactions	عمليات تجارية من مستهلك إلى مستهلك
E-commerce transactions	عمليات تجارية في التجارة الإلكترونية
Non arm's length transactions	صفقات تجارية ما بين أطراف ليسوا ذوي ثقل واحد
Online retailing transactions	معاملات تجزئة على الخط الحيوي. صفقات تجزئة يتم إبرامها عبر الشبكة البينية.
Related party transactions	معاملات مع أطراف ذات علاقة. معاملات تجريها الشركة مع شركات أخرى ثمة علاقة لها بها، وهو ما يتطلب موافقات خاصة واستيفاء شروط معينة بغية ضمن شفافية تلك المعاملات.
Transparency	**شفافية**
Procurement process transparency	شفافية عملية الشراء
Transparency of shareholding structure	شفافية هيكل أعضاء مجلس الإدارة
Treatment	**معاملة**
Equal treatment	معاملة عادلة
Equal treatment of shareholders of the same class	معاملة المساهمين المنتمين لنفس الفئة معاملة قوامها المساواة
Transfer	**يحول، ينقل، تحويل**
Transfer of libelous information	نقل معلومات تشهيرية. يعد نقل المعلومات التي تنطوي على تشهير في حد ذاته جريمة يعاقب عليها القانون في حالة توفر شروط معينة.
Treason	**خيانة**
High treason	خيانة عظمى
Treaty	**معاهدة**
Trial	**جلسة محكمة، تجريبي**
Jury trial	جلسة محاكمة يفصل فيها محلفون
Tribunal	**محكمة**
Ad hoc tribunal	محكمة خاصة
Arbitral tribunal	هيئة تحكيم
Arbitration tribunal	هيئة تحكيم
Employment tribunal	محكمة بشأن نزاع وظيفي
International Arbitration Tribunal	محكمة تحكيم دولية
Special tribunal	محكمة خاصة. محكمة تتأسس وتنعقد للنظر في قضية معينة.
Trustee	**أمين، وصي، قَيِّم**
Trustees	**أمناء**
Trusteeship	**وصاية، أمانة، بلد تحت الوصاية**
International trusteeship	وصاية دولية

U

Ultimatum	**إنذار نهائي**
Unity	**وحدة**
Unjust	**غير عادل، غير منصف**
Unconstitutional	**غير دستوري. مناقض لأحكام الدستور و/أو روحه.**
Under oath	**تحت ظل القسم**
Understanding	**تفاهم**
Complete understanding	تفاهم كامل
Entire Understanding	تفاهم كلي
Oral understanding	تفاهم شفهي
Partial understanding	تفاهم جزئي
Written understanding	تفاهم مكتوب
Undertaking	**تعهد**
Binding contractual undertaking	تعهد تعاقدي ملزم
Contractual undertaking	تعهد تعاقدي
Personal undertaking	تعهد شخصي
Undertakings	**تعهدات**
Undisclosable	**لا يمكن الإفصاح عنه، لا يتوجب الإفصاح عنه**
Undisclosed	**غيرُ مفصح عنه**
Undisputable	**غير قال للمنازعة عليه**
Undisputed	**غير متنازع عليه**
Unenforceable	**غير قابل للإنفاذ**
Unenforceability	**عدم القابلية للإنفاذ**
Unenforceability of a contract provision	عدم قابلية بند بالعقد للإنفاذ
Unenforceability of an arbitration award	عدم إمكانية تنفيذ قرار تحكيم
Unfair	**غير إنصافي، غير شريف**
Unification	**وحدة**
Unilateral	**من جانب واحد**
Unintentional	**غير قصدي**
Unprocedural	**مخالف للوائح**
Unreasonable	**متجاوز لحقوق المعقولية**
Usage	**استخدام، استعمال**
Unlawful usage of fillers	استعمال غير قانوني لمواد الملأ
Use	**يستعمل، استعمال، يستخدم، استخدام، فائدة**
Abusive use of Intellectual Property rights	استعمال تعسفي لحقوق الملكية الفكرية
Fair use of domain name	استعمال منصف لاسم نطاق
Illegal drug use	استعمال دواء غير قانوني
Legitimate use of force	استعمال شرعي للقوة
Licensed content use	استعمال مُرخص محتوى
Unlawful use of a person's voice	استعمال غير قانوني لصوت شخص
Unlawful use of distinctive appearance	استعمال غير قانوني لمظهر مميز لشخص
Unlawful use of gestures	استعمال غير قانوني لصورة شخص
Unlawful use of image	استعمال غير قانوني لصورة شخص
Unlawful use of mannerisms	استعمال غير قانوني لمظاهر مميز لشخص
Unlawful use of signature	استعمال غير قانوني لتوقيع شخص
Unsafe use of an invention	استعمال غير آمن لاختراع
Use at your own risk	استعمال مع تحمل المستعمل المخاطرة. عبارة تفيد تبرؤ صاحبها من مسئولية استعمال الغير لمادة ما، وتحميله الغير المستخدم المسئولية عن أية مخاطرات ذات صلة.
User	**مستخدم، مستعمل**
Legitimate user	مستخدم شرعي
Usurp	**يغتصب، يحوز عِنوة**

V

Validate **يثبت صحة الشيء**
Validation **إثبات صحة الشيء**
Void **يبطل، يجعل الشيء لاغيا، باطل، لاغ**
Voidable **قابل للإبطال**
Voluntary **طوعي**
Value **يقيم، قيمة**
Court's opinion's value القيمة السبقية للرأي
Decision's precedential value القيمة السبقية للقرار. إمكانية أن يعد القرار في قابل الأيام سابقة يحتذى حذوها.
Face value قيمة ظاهرة
Market fair value قيمة سوقية عادلة
Valuable **ثمين، ذو قيمة**
Valuation **تقييم**
Asset valuation تقييم الأصول
Historical earnings valuation تقييم المدخولات السابقة
Vehicle **وسيلة، مركبة**
Legal Vehicle وسيلة قانونية
Special purpose vehicle وسيلة قانونية لتحقيق غاية خاصة
Venture **يضارب، يغامر، يقوم بمغامرة، مضاربة، مغامرة، مسعى تجاري**
Co-joint ventuter مشارك بشركة محاصة
Contractual joint venture شركة محاصة مؤسسة على عقد.
Incorporated joint venture شركة نشاط مشترك مؤسسة. اتفاق شركتين على خوض نشاط مشترك من خلال تأسيس شركة.
Joint venture شركة محاصة، شركة نشاط مشترك
Joint venturer مشارك بشركة محاصة
Minority co-venturer مشارك ممثل للأقلية بشركة محاصة
Multi party Joint Venture شركة محاصة متعددة الأطراف.
Non-equity Joint Venture شركة محاصة غير مؤسسة على تملك أسهم وحصص.
Venue **مكان حدوث الجريمة، مكان إقامة الدعوى، مقر**
Trial venue مكان المحاكمة
Victim **ضحية**
Victimize **يضحي بـ، يخدع**
Victimless **بلا ضحايا**
Victims **ضحايا**
Hatred-crimes victims ضحايا جرائم الكراهية
Violate **ينتهك**
Violation **انتهاك**
Constitutional violation عدم دستورية، انتهاك دستوري
Customary violation انتهاك عرفي
Trade dress violation انتهاك الثوب التجاري. يعد إنتاج الساعات المزيفة أحد أبرز أشكال انتهاك الثوب التجاري.
Violence **عنف**
Bias-motivated violence عنف دافعه التحيز
Domestic violence عنف داخلي، عنف أسري
Indiscriminate violence عنف غير مميز
School violence عنف مدارس
Sexual violence عنف جنسي
Street violence عنف الشوارع
Violent **عنيف**

W

Waive	**يتنازل عن المطالبة**
Waived	**متنازل عنه**
Waiver	**متنازل**
Continuing waiver	تنازل مستمر
Explicit waiver	تنازل صريح
Implicit waiver	تنازل ضمني
Waqf	**وقف**
Official waqf	وقف رسمي
waqf ahli	وقف أهلي
Waqif	**واقف**
War	**يقاتل، يشن حربا، يصارع، حرب، حالة حرب**
Civil war	حرب أهلية
Fair war	حرب منصفة
Illegitimate war	حرب غير شرعية
Just war	حرب عادلة
Legal war	حرب قانونية
Legislative war	حرب تشريعية. تعبير يطلق على التنافس المستعر حول إنفاذ وفرض تشريع معين.
Legitimate war	حرب شرعية
Litigation war	حرب تقاضية. تعبير يطلق على النزاع القضائي المحتدم.
Unjust war	حرب غير عادلة
Watermark	**علامة مائية**
Digital watermark	علامة مائية رقمية
Warn	**يحذر، ينذر**
Warned	**مُحذَّر، مُنذر**
Warner	**محذِّر، منذِر**
Warning	**إنذار، تحذير**
Official warning	إنذار رسمي
Unofficial warning	إنذار غير رسمي
Warrant	**يضمن، إذن**
Arrest warrant	إذن ضبط. إذن صادر من النيابة العامة بتخويل القبض على شخص.
Search warrant	إذن تفتيش
Warranted	**مضمون، مُسوَّغ**
Warrantor	**ضامن**
Warranty	**ضمانة، كفالة**
Explicit warranty	ضمانة صريحة
Implied warranty	ضمانة ضمنية
Witness	**شاهد**
Credible witness	شاهد ذو مصداقية
Expert witness	شاهد خبير
Non-credible witness	شاهد منعدم المصداقية
Professional wirtness	شاهد محترف
Wrongful	**جائر، ظالم، غير شرعي**

X

X.	يرد هذا الحرف أحياناً كرقم روماني للدلالة على العدد 10
Xenodochium	خان، فندق ريفي
Xenodochy	إيواء الغريب وإضافته
Xenophobic madness	جنون بغضاء الأجانب
xylon	آلة قصاص عند اليونان تشبه ما يسمى stocks عند الإنكليز

Y

Ya et nay	نعم ولا، مجرد التأكيد والإنكار دون اليمين
Yacht	يخت، سفينة
Yacht basin	حوض يخوت
Yalta formula or yalta voting formula	قاعدة يالطا أو التصويت على طريقة يالطا
Yard	ساحة، فناء
Yea and nay	نعم ولا
Year	سنة، عام، حول
Bissextile year	سنة كبيسة
Dead year	سنة الوفاة
Fiscal year	سنة مالية
Gregorian year	سنة ميلادية
Leap year	سنة كبيسة
Lunar year	سنة قرية
Natural year	سنة طبيعية
Year and day	سنة ويوم
Year books	كتب سنوية
Year, day, and waste	ميزة ملكية ملغاة
Year of mourning	سنة الحداد، عدة الوفاة
Year to year, tenancy from	إجارة مساناة، مدتها سنة كاملة قابلة للتجديد
Yearling	حولي
Yeas and nays	مؤيدون ومعارضون أو موافقون ومخالفون
Yellow dog contract	عقد الكلب الأصفر
Yen hock	قطعة من المعدن حادة الرأس تشوى بها حبة الأفيون
Yen pock	حبة أفيون
Yen shee	أفيون متفحم أسود
Yeoman	أحد العامة، ملاك دون الـ gentleman من حيث المكانة
Yeomen of the guard	رجال حرس الخاصة الملكية
Yield	نتاج محصول أو حصيلة، غلة، عوائد
Yokelet	مزرعة صغيرة يكفي لحرثها عود واحد
York-Antwerp rules	قواعد يورك، أحكام بحرية تهدف إلى إيجاد أصول موحدة عامة لبوالص الشحن ومعاملات النقل البحري
York, custom of	عرف يورك، عادة متبعة في منطقة يورك بشمال إنكلترا تسري على التركات التي يموت عنها أصحابها دون أن يوصوا
Young person	صغير، صغير السن، حدث
Youth	شباب أو شبيبة

Z

Zone	**يقسم إلى مناطق، منطقة**
Blocked zone	منطقة مغلقة
Child trafficking zone	منطقة يتم فيها الاتجار بالأطفال
Euro-zone	المنطقة الأوروبية
Internet trusted zone	منطقة موثوق فيها في الشبكة البينية
Mine zone	منطقة ألغام
No go zone	منطقة يتوجب عدم الذهاب إليها
Regional zone	منطقة إقليمية
Security zone	منطقة أمنية
Unapproachable zone	منطقة لا يجوز الاقتراب منها
War zone	منطقة حرب

Made in United States
Orlando, FL
04 November 2026

90200639R00068